Decisões do STF em Direito à Saúde

Decisões do STF em Direito à Saúde

ASPECTOS ECONÔMICOS E POLÍTICOS

2020

Fernando Rister de Sousa Lima

ALMEDINA

DECISÕES DO STF EM DIREITO À SAÚDE
ASPECTOS ECONÔMICOS E POLÍTICOS

AUTOR: Fernando Rister de Sousa Lima
DIAGRAMAÇÃO: Almedina
DESIGN DE CAPA: FBA
ISBN: 9788584936175

Dados Internacionais de Catalogação na Publicação (CIP)
(Câmara Brasileira do Livro, SP, Brasil)

Lima, Fernando Rister de Sousa
Decisões do STF em direito à saúde : aspectos econômicos e políticos / Fernando Rister de Sousa Lima. -- São Paulo : Almedina, 2020.

Bibliografia
ISBN 978-85-8493-617-5

1. Brasil. Supremo Tribunal Federal 2. Direito à saúde 3. Direito fundamental 4. Juízes - Decisões - Brasil 5. Justiça social 6. Poder judiciário e questões políticas - Brasil I. Título.

20-32683 CDU-34:351.77(81)

Índices para catálogo sistemático:

1. Brasil : Direito da saúde 34:351.77(81)
2. Brasil : Saúde : Direito 34:351.77(81)

Maria Alice Ferreira – Bibliotecária – CRB-8/7964

Este livro segue as regras do novo Acordo Ortográfico da Língua Portuguesa (1990).

Março, 2020

EDITORA: Almedina Brasil
Rua José Maria Lisboa, 860, Conj.131 e 132, Jardim Paulista | 01423-001 São Paulo | Brasil
editora@almedina.com.br
www.almedina.com.br

SOBRE O AUTOR

Fernando Rister de Sousa Lima

Pós-Doutorado pelo Departamento de Filosofia e Teoria Geral do Direito da USP com período de pesquisa na *Goethe Universität Frankfurt am Main* e na *Università degli Studi di Firenze.*

Doutor em Filosofia de Direito e do Estado pela PUC-SP com estágio doutoral sanduíche na *Università degli Studi di Macerata.*

Mestre em Direito pela PUC-SP com período como pesquisador visitante na *Università degli Studi di Lecce.*

Professor Doutor da Faculdade de Direito da Universidade Presbiteriana Mackenzie.

Coordenador de Estágios e Protagonismo Estudantil da Universidade Presbiteriana Mackenzie.

Editor-executivo da Revista Direito Mackenzie.

Professor do Mestrado em Direito do Sistema da Informação da FMU.

Membro do Colégio Docente do Doutorado em Direito da *Università degli Studi di Firenze.*

Presidente da Associação Brasileira de Pesquisadores em Sociologia do Direito (2018-2019).

SUMÁRIO

DEDICATÓRIA

O livro que vem a lume não é uma TESE na acepção do termo. Trata-se de pesquisa apresentada como um dos requisitos para a aprovação de estágio Pós-Doutoral no Departamento de Filosofia e Teoria Geral do Direito da Faculdade de Direito da Universidade de São Paulo – Largo de São Francisco.

Com a publicação, gostaria de homenagear pessoas importantes na minha trajetória pessoal e profissional. Com esse espírito, ofereço a publicação:

No campo pessoal, a Susana, Alice e Tomás, as minhas melhores partes;

No campo profissional, aos professores Orlando Villas Bôas Filho, José Reinaldo de Lima Lopes, Celso Fernandes Campilongo e Felipe Chiarello de Souza Pinto, pela recepção em São Paulo quando da minha mudança de Araçatuba.

Por fim, agradeço efusivamente à Universidade Presbiteriana Mackenzie e ao Instituto Presbiteriano Mackenzie, nas pessoas do Magnífico Reitor Ing. Benedito Guimarães Aguiar Neto, do Vice-Reitor Prof. Dr. Marco Tullio de Castro Vasconcelos e do Presidente do Instituto Dr. José Inácio Ramos, pelo financiamento de parte dos períodos de pesquisa no exterior que originaram o trabalho ora publicado.

FRSL.

PREFÁCIO

Orlando Villas Bôas Filho[1]

Fernando Rister de Sousa Lima tem se consolidado no cenário nacional como um dos mais destacados pesquisadores no campo da Sociologia Jurídica. Mestre (com período de pesquisa com Raffaele De Giorgi) e Doutor (co-orientação de Alberto Febbrajo) em Filosofia de Direito e do Estado pela Pontifícia Universidade Católica de São Paulo (PUC-SP), o autor é, atualmente, professor da Faculdade de Direito da Universidade Presbiteriana Mackenzie e do Programa de Pós-Graduação em Direito das Faculdades Metropolitanas Unidas. Além disso, é Presidente da Associação Brasileira de Pesquisadores em Sociologia do Direito (ABraSD), membro do *Research Committee on Sociology of Law* – ISA (*Group Sociology of Constitution*) e Editor-executivo da *Revista Direito Mackenzie* (RDM), tendo sido, anteriormente, Editor-Chefe *da Revista Brasileira de Sociologia do Direito* (RBSD) e Diretor de Periódicos da APG (Associação dos Pós-graduandos da PUC/SP).

Ao longo de seu sólido percurso acadêmico, Fernando Rister de Sousa Lima concentrou o essencial de suas pesquisas no domínio da teoria dos sistemas formulada pelo sociólogo alemão Niklas Luhmann. Aliás, a esse respeito,

[1] Bacharel em Direito pela Faculdade de Direito da Pontifícia Universidade Católica de São Paulo. Bacharel em Filosofia pela Faculdade de Filosofia, Letras e Ciências Humanas da Universidade de São Paulo. Bacharel e Licenciado em História pela Faculdade de Filosofia, Letras e Ciências Humanas e pela Faculdade de Educação da Universidade de São Paulo. Mestre e Doutor em Direito pela Faculdade de Direito da Universidade de São Paulo. Pós-doutorado na *Université de Paris X (Nanterre)* e na *École Normale Supérieure de Paris.* Professor da Faculdade de Direito da Universidade de São Paulo e da Faculdade de Direito da Universidade Presbiteriana Mackenzie. Membro do *Réseau Européen Droit et Société.*

é possível afirmar que a obra do autor consigna uma contribuição expressiva no que tange à recepção consistente desse complexo referencial teórico no âmbito dos estudos sociojurídicos desenvolvidos no Brasil. Diversos de seus livros – especialmente *O simbolismo da atuação do STF em direito à saúde* (Editora Juruá, 2017); *Saúde e Supremo Tribunal Federal* (publicado no Brasil, em 2015, e em Portugal, em 2016, pela Editora Juruá) e *Sociologia do direito: o direito e o processo à luz da teoria dos sistemas de Niklas Luhmann* (Editora Juruá, 2012) – já se tornaram referências incontornáveis nessa seara.[2]

Essas observações preliminares são importantes, pois permitem situar o livro *Decisões do STF em direito à saúde: aspectos econômicos e políticos* que chega ao leitor em cuidada publicação realizada pela Editora Almedina. Trata-se de uma pesquisa que tem por horizonte o sofisticado manejo que Fernando Rister de Sousa Lima, há mais de uma década, faz da teoria dos sistemas para, a partir dela, nos proporcionar, com amplo embasamento empírico, um quadro compreensivo da relação entre os sistemas jurídico e político, a partir dos julgamentos realizados pelo Supremo Tribunal Federal (STF) no que concerne ao direito à saúde.

Vale notar que análise expressa na presente obra consigna os resultados da pesquisa realizada por Fernando Rister de Sousa Lima, sob minha supervisão, entre 2016 e 2018, no âmbito do estágio pós-doutoral realizado no Departamento de Filosofia e Teoria Geral do Direito da Faculdade de Direito da Universidade de São Paulo (FD/USP). Esse amplo e complexo estudo – que abrangeu, inclusive, dois períodos de pesquisa no exterior: o primeiro na *Goethe Universität Frankfurt am Main*, em julho de 2017, e o segundo na *Università degli Studi di Firenze*, em janeiro de 2018 –, exprime as reflexões mais recentes do autor de modo a ampliar e complementar as suas análises anteriores acerca das decisões do Supremo Tribunal Federal (STF) no tocante ao direito à saúde.[3]

[2] Agregam-se a esses títulos o amplamente difundido estudo do autor acerca do pensamento de Norberto Bobbio, intitulado *Introdução ao Ordenamento Jurídico: um diálogo entre Norberto Bobbio e a doutrina brasileira* (Editora Juruá, 2015) e os livros por ele coordenados, especialmente *Sociologia do direito: teoria e práxis* (Editora Juruá, 2015). Isso, para não mencionar os diversos artigos publicados em revistas qualificadas (português, inglês e italiano).

[3] Veja-se a respeito: LIMA, Fernando Rister de Sousa. *O simbolismo da atuação do STF em direito à saúde*. Curitiba: Juruá, 2017); LIMA, Fernando Rister de Sousa. *Saúde e Supremo Tribunal Federal*. Curitiba: Juruá, 2015.

A escolha do referencial e o delineamento do objeto de pesquisa realizada não são aleatórios. Em primeiro lugar, tendo por pressuposto a policontexturalidade atribuída por Luhmann à sociedade moderna, Fernando Rister de Sousa Lima sublinha a especificidade da codificação binária que norteia as operações comunicativas dos sistemas jurídico e político, ou seja, enfatiza que a comunicação jurídica seria balizada pelo código lícito/ilícito (*Recht/Unrecht*) ao passo que a política, reproduzir-se-ia a partir do código poder/não-poder (*Macht/Ohnmacht*).[4] Em seguida, tendo por foco as decisões relativas a litígios envolvendo o direito à saúde, identifica no Supremo Tribunal Federal a materialização do "acoplamento estrutural" entre os sistemas jurídico e político. Por fim, tendo por base a teoria dos sistemas, discute se a atuação do STF engendra operações equilibradas entre o subsistema jurídico e o político, de modo a respeitar as diferenciações funcionais que lhes são constitutivas ou se, ao contrário, conduz, em suas decisões, a sobreposição de um sistema a outro.[5]

Para o desenvolvimento dessa complexa análise, o livro *Decisões do STF em direito à saúde: aspectos econômicos e políticos* é composto por uma breve introdução e por cinco capítulos, além de um elucidativo apêndice que contém o levantamento das decisões analisadas. Apesar de não caber a um prefácio resenhar o livro do qual constitui um exórdio, algumas breves considerações acerca dos aspectos centrais deste livro são convenientes para que o leitor seja capaz de aquilatar a importância da pesquisa por ele veiculada.

O primeiro capítulo, com o propósito de fixar os pontos de partida da pesquisa, se inicia com uma discussão relativa à judicialização da política no Supremo Tribunal Federal, em meio à qual é destacada, naturalmente, a questão do direito à saúde. Em seguida, é realizada uma sucinta análise da judicialização da saúde na jurisprudência da Suprema Corte com especial ênfase no impacto dela decorrente. Feito isso, as decisões do Supremo Tribunal Federal são caracterizadas, nos termos da teoria dos sistemas de Niklas

[4] Cabe notar que o código poder/não-poder do sistema político se concretiza, na atualidade, a partir da distinção governo/oposição. Para uma sintética descrição dos distintos subsistemas sociais e seus respectivos códigos, ver, especialmente: LUHMANN, Niklas. *Ecological communication.* Tradução de John Bednarz. Chicago: University of Chicago Press, 1989, p. 51 e ss.

[5] Luhmann utiliza, de forma recorrente, o termo *Teilsystem* para se referir aos diversos sistemas funcionais que compõem a sociedade moderna. Esse termo é comumente traduzido, para o português, como "subsistema" ou "sistema parcial".

Luhmann, como "acoplamento estrutural" entre o sistema jurídico e o político.[6] Toda essa discussão preliminar tem o propósito de fundamentar a enunciação das hipóteses que norteiam a pesquisa: em primeiro lugar, a de que o STF, em seus julgamentos, tenderia a privilegiar a autorreferência do direito em detrimento à heterorreferência da política, com a consequente mitigação da "irritação" que deveria ser proporcionada pelo mecanismo do "acoplamento estrutural".[7] Em segundo lugar, e em sentido inverso, a hipótese de sobreposição do código da política ao código do direito nos julgamentos do STF com o decorrente prejuízo da autorreferência do subsistema jurídico. Finalmente, a hipótese de um casuísmo expresso em julgamentos que privilegiam, sem um critério aparentemente definido, ora código do direito, ora o da política.

O segundo capítulo procura analisar as decisões do Supremo Tribunal Federal, no que tange ao direito à saúde, a partir do caráter político e jurídico da comunicação nelas expressa. Para tanto, empreende, preliminarmente, uma digressão pela questão da argumentação jurídica, tal como compreendida pela teoria dos sistemas.[8] Em seguida, é feita uma breve digressão pela questão da comunicação, tal como concebida por Luhmann, ou seja, como síntese de três operações seletivas: mensagem, informação e compreensão.[9] Essa digressão se explica uma vez que, para o autor alemão, a comunicação

[6] A respeito, ver: LUHMANN, Niklas. *Law as a social systems*. Traduçao de Klaus A. Ziegert. Oxford: Oxford University Press, 2004, p. 381 e ss. Para uma sintética análise dessa questão, ver: GONÇALVES, Guilherme Leite; VILLAS BÔAS FILHO, Orlando. *Teoria dos sistemas sociais*: direito e sociedade na obra de Niklas Luhmann. São Paulo: Saraiva, 2013, p. 133-142.

[7] Sobre os acoplamentos estruturais como canais de irritação, ver: LUHMANN, Niklas. *Law as a social system*, p. 383.

[8] Vale nota que o autor apreende muito bem a progressiva centralidade adquirida pela questão da argumentação jurídica na obra e Niklas Luhmann. A respeito, ver: LUHMANN, Niklas. *Law as a social systems*, p. 505 e ss. Para uma análise concisa da argumentação jurídica em Luhmann, ver: GONÇALVES, Guilherme Leite; VILLAS BÔAS FILHO, Orlando. *Teoria dos sistemas sociais: direito e sociedade na obra de Niklas Luhmann*, p. 130-133.

[9] Vale notar que, no Brasil, a tradução das expressões *Mitteilung*, *Information* e *Vertehen* não é consensual. No que tange à primeira delas, é recorrente a utilização dos termos "mensagem", "elocução", "partilha", "emissão" etc. Nesta obra, o autor optou pela utilização do termo "partilha". A respeito, ver, por exemplo: KRAUSE, Detlef: *Luhmann-Lexikon. Eine Einführung in das Gesamtwerk von Niklas Luhmann mit 27 Abbildungen und über 500 Stichworten*. Stuttgart, Ferdinand Enke Verlag, 1999, p. 131-133.

constitui a base da autopoiese dos sistemas sociais.[10] Feito isso, são examinados os argumentos jurídicos e políticos no Supremo Tribunal Federal e a forma e o sentido do direito nas decisões analisadas, momento em que o autor recupera as análises anteriormente empreendidas acerca da argumentação jurídica e do acoplamento estrutural. A partir daí, mediante a utilização de acórdãos disponíveis no sítio eletrônico do STF, é efetivada a análise parcial das decisões do Supremo Tribunal Federal, cujos critérios metodológicos merecem um breve comentário.

A busca realizada no referido banco de dados, utilizando a expressão--chave "direito à saúde", produziu um levantamento inicial de 845 acórdãos que, ao longo do desenvolvimento do estágio pós-doutoral, foram progressivamente analisados. A partir de uma análise qualitativa das decisões, foram selecionados acórdãos que proporcionavam a possibilidade de visualização, mediante a leitura e apreciação de seu inteiro teor, da comunicação entre os sistemas político e jurídico. Esse material foi, em seguida, minuciosamente examinado, em consonância com a teoria dos sistemas, a partir de dois critérios: um de ordem temporal (decisões publicadas a partir de 2014 e as decididas em 2016 e 2017) e outro material (o conteúdo da lide estar concentrado exclusivamente em demandas cuja pretensão consistiu em procurar obrigar o Estado a fornecer medicamento ou tratamento médico negado ou não disponibilizado pela rede pública de saúde). O capítulo se encerra com a análise da repercussão geral nos Recursos Extraordinários nº 566471/RN e nº 657718.

O terceiro capítulo focaliza as condições operativas do Supremo Tribunal Federal na sociedade complexa. Para tanto, inicialmente, enfoca um aspecto central da teoria proposta por Luhmann: a questão do fechamento operacional e da abertura cognitiva dos sistemas. Em seguida, desenvolve uma importante correlação entre Poder Judiciário diferenciação funcional, em meio à qual sublinha, com razão, a progressiva importância atribuída pelo autor alemão aos tribunais no contexto da sociedade contemporânea.[11] Por

[10] Essa questão, amplamente trata no livro *Soziale Systeme: Grundriß einer allgemeinen Theorie*, publicado em 1984, é magistralmente sintetizada no artigo intitulado The autopoiesis of social systems. Cf. LUHMANN, Niklas. *The autopoiesis of social systems. The autopoiesis of social systems.* In: ______. *Essays on self-reference.* New York: Columbia University Press, 1991, p. 1-20.

[11] Cf. LUHMANN, Niklas. *Law as a social system*, p. 274 e ss. A respeito, ver, por exemplo: CAMPILONGO, Celso Fernandes. *Interpretação do direito e movimentos sociais.* Rio de Janeiro: Elsevier, 2012, p. 118-120.

fim, articula a questão da integração social com a intepretação dos tribunais, enfatizando, sobretudo, que os elevados níveis de exclusão social no sistema de saúde pública brasileiro ensejariam a quantidade superlativa de ações judiciais que reclamam o direito à saúde como garantia constitucional. Nesse sentido, ressalta que "a judicialização pode ser descrita como reação aos altos índices de exclusão". Contudo, assevera também que, em virtude de ensejar a necessidade de realocação de verbas, a inclusão no sistema de saúde pela via judicial levaria à exclusão em outros subsistemas.

O quarto capítulo enfoca o que o autor de designa de "cegueira comunicacional do Supremo Tribunal Federal no direito à saúde". Nesse sentido, analisa, em primeiro lugar, o problema da (des)legitimação dos argumentos financeiros no bojo das decisões analisadas. Assim, mediante a alusão ao Recurso Extraordinário nº 368.564-DF, procura mostrar a exclusão ou mesmo a desqualificação dos argumentos políticos de ordem financeira (reserva do possível, escassez de recurso etc.) no âmbito do processo de seletividade decisional que ocorre na Suprema Corte brasileira. Como corolário, aponta a irritação econômica provocada pelas decisões judiciais no âmbito do sistema político, consistente no impacto que a elevada quantidade de decisões judiciais determinando a concessão de medicamentos ou tratamentos médicos acarreta aos gestores públicos. Essa questão é ilustrada, concretamente, a partir de uma análise dirigida à situação no âmbito do Estado de São Paulo e da União. Esse capítulo desenvolve, ainda, com riqueza de dados, uma instigante análise da irracionalidade econômica da judicialização da saúde; da evolução da judicialização da saúde e da saúde pública no Brasil. Por fim, enfoca a Suprema Corte como uma instância de observação de segunda ordem, ou seja, de observação dos observadores que seria, em tese, capaz de enxergar o ponto cego de suas observações. Ressalta, todavia, que em virtude do desenho institucional que lhe é dado pelo art. 196 da Constituição Federal, o STF precisaria "aumentar o seu nível de cognição para observar os casos levados ao seu crivo num contexto mais amplo, propriamente com as lentes da jurisprudência."

O quinto e último capítulo a obra consigna os resultados da pesquisa empreendida. Assim, inicia-se com uma discussão crítica acerca do Supremo Tribunal Federal como "um observador que não observa". Nesse sentido, ressalta que, ao não processar as informações econômicas, a Suprema Corte figura como um "observador [que] não observa, nem realiza um 'diálogo de surdos' no jogo argumentativo travado em suas decisões." Essa discussão conduz à indagação acerca do que estaria por trás da autorreferência do Supremo

Tribunal Federal. A conclusão de Fernando Rister de Sousa Lima é de que a Suprema Corte teria firmado um posicionamento em favor da preservação do direito à saúde por considerá-lo um direito humano fundamental que, enquanto tal, seria inviolável, motivo pelo qual, em seu entendimento, seria obrigação do Estado (em sentido genérico) garanti-lo. Contudo, ao tratar como intocável o direito à saúde, o Supremo Tribunal Federal tornaria a operação comunicativa do sistema jurídico desconectada das novas necessidades da sociedade, encapsulando-se em um formalismo excessivo que, no limite, poderia "aumentar demais a pressão social vinda do externo, a ponto de submeter o sistema a uma pressão muito maior do que a sua capacidade operacional pode suportar".

Esse capítulo desenvolve, ainda, uma perspicaz análise relativa aos conceitos dogmáticos incorporados às decisões do Supremo Tribunal Federal e, a partir dela, conclui que subjacente à operação exclusivamente fechada dessa Corte Constitucional observar-se-ia o triunfo do conceito de "mínimo existencial" em detrimento do da "reserva do possível". Em seguida (após enfocar os julgamentos em que o STF atuou como "acoplamento estrutural"; as construções dogmáticas que vicejam nas decisões de nossa Suprema e a separação dos poderes como diferenciação sistêmica e não como instrumento de cegueira institucional), o capítulo consigna uma reflexão relativa ao limite da autorreferência do Supremo Tribunal Federal. Este capítulo final estabelece, ademais, as bases de uma sofisticada proposta de racionalidade decisória para, à guisa de conclusão, refletir acerca da "abertura ao enfraquecimento do código do Direito".

A lacônica reconstrução dos aspectos centrais da presente obra permite ao leitor vislumbrar a indiscutível contribuição teórica por ela veiculada. Em primeiro lugar, a pesquisa nela consignada aponta números alarmantes relativamente aos custos da judicialização da saúde, desvelando, com isso, a decorrente insustentabilidade da *ratio decidendi* do Supremo Tribunal Federal sobre o tema. Mostra, ademais, que, ao desconsiderar, na maioria dos casos, os argumentos políticos relacionados a esse complexo debate, a Corte Constitucional brasileira acabaria comprometendo a adequação social de suas próprias decisões que, aliás, segundo o autor, tenderiam a instrumentalizar conceitos dogmáticos de modo a, inclusive, desvirtuar, em alguns casos, a sua figuração originária.

Fica, portanto, evidente que, apoiada na teoria dos sistemas de Niklas Luhmann, a pesquisa empreendida por Fernando Rister de Sousa Lima, originalmente no âmbito do estágio pós-doutoral realizado na Faculdade de Direito da Universidade de São Paulo e agora consubstanciada no presente livro, é portadora de vários méritos. Em primeiro lugar, enfrenta uma questão controvertida e intrincada cuja complexidade não é devidamente apreendia em discussões dogmáticas. Em segundo lugar, identifica um referencial teórico adequado e o maneja de forma consistente para fugir ao dogmatismo estéril no trato de seu problema de pesquisa. Em terceiro lugar, e isso não é em nada trivial, é capaz de compatibilizar um referencial teórico caracterizado pelo seu alto grau de abstração com a análise de dados empíricos. Por fim, procura explorar as virtualidades do seu quadro de referência mediante a mobilização de autores que, de forma coerente, com ele dialogam.

Como se sabe, a teoria dos sistemas de Niklas Luhmann tem sido objeto de uma ampla, porém nem sempre consiste, recepção pela sociologia jurídica brasileira. Tendo em vista esse cenário, a obra de Fernando Rister de Sousa Lima, em virtude de seu rigor e profundidade, constitui um modelo a ser seguido por todos aqueles que pretendam mobilizar esse arcabouço teórico para a compreensão das vicissitudes sociais e jurídicas no Brasil.

Introdução

O texto relata os resultados de Projeto de Pesquisa de Pós-Doutoramento desenvolvido no Departamento de Filosofia e Teoria Geral do Direito da USP (DFD-USP) – Largo de São Francisco, cujo objetivo é, a partir do marco teórico desenvolvido por Luhmann, identificar se a seletividade produzida no acoplamento estrutural realizado pelo Supremo Tribunal Federal (STF) em decisões pré-selecionadas preserva ao mesmo tempo a operação fechada e a cognição aberta dos sistemas jurídico e político. Parte-se do pressuposto de que a citada Corte materializa um acoplamento estrutural entre esses sistemas ao enfrentar os litígios em direito à saúde.

O diálogo entre os sistemas jurídico e político foi empiricamente observado no âmbito da argumentação do inteiro teor das decisões em análise. Cada sistema diferenciado (jurídico ou político) opera com sua própria comunicação. Essa comunicação diferenciada une os sistemas parciais sob a respectiva binariedade: no caso do direito, lícito/ilícito; no caso da política, governo/oposição. Ao julgar o direito à saúde, o STF acaba tornando-se o espaço do acoplamento estrutural realizado pela Constituição Federal. Isso porque, ao julgar um litígio a partir de um cotejo constitucional, a Corte materializará a troca comunicacional entre a política e o direito.

A pesquisa, que metodologicamente se apoia em fontes bibliográficas e documentais, adota como premissa epistemológica a teoria dos sistemas, da lavra de Niklas Luhmann. A partir disso, analisou-se o objeto de pesquisa mediante os pressupostos descritivos da sua teoria da sociedade e, especialmente, da sua teoria do direito. Como fontes documentais, utilizou-se as decisões do Supremo em direito à saúde.[12] A análise das decisões judiciais identificou se a operação comunicacional operada pela Corte deu-se no sentido de manter a autorreferência operacional e a abertura cognitiva dos sistemas político e jurídico ou se, por outro lado, a relação travada sobrepõe um dos sistemas à comunicação do outro, infringindo assim a respectiva comunicação sistêmica.

[12] SEVERINO, Antônio Joaquim. *Metodologia do trabalho científico.* 23ª ed. São Paulo: Cortez, 2007, p. 123; QUEIROZ, Rafael Mafei Rabelo. *Monografia jurídica*: passo a passo. São Paulo: Método, 2015, p. 98-104.

1. Pontos de Partida da Pesquisa

1.1. A judicialização da política no Supremo Tribunal Federal

O Supremo Tribunal Federal tem sido palco de decisões de impacto nacional nos últimos anos.[13] Assuntos e problemas até então rotineiramente decididos no âmbito político foram transportados para a Corte Constitucional, muitas vezes, pelos próprios agentes políticos. O uso das expressões "ativismo judicial" e "judicialização da política" é recorrente na mídia e na doutrina.[14] Os vários processos levados ao STF a respeito do processo de impeachment da Presidente Dilma Rousseff por si sós comprovam essa situação.

A ideia do ativismo judiciário (*judicial activism*) é a potencialização do prestígio social do Poder Judiciário para lutar contra os privilégios dos

[13] A própria análise dos precedentes coletados do sítio do STF denota uma atuação "ativa" da Corte Suprema em grandes temas nacionais. Entre os vários julgamentos analisados, há de se destacar quatro *hard cases*: (i) ADPF 54/DF – Rel. Min. Marco Aurélio – Julgamento 12/04/2012 – Temática: Aborto: Feto-Anencefálo; (ii) ADPF 132/RJ (em conjunto com a ADI 4277/DF) – Rel. Min. Ayres Britto – Julgamento em 05/05/2011 – Temática: União-Homoafetiva. (iii) STA 175/CE (em conjunto com a SL 47/PE) – Rel. Min. Gilmar Mendes – Julgamento 17/03/2010 – Temática: Direito à Saúde; (iv) ADI 3510/DF – Rel. Min. Ayres Britto – Julgamento 29/05/2008 – Temática: Células-Tronco.

[14] Campilongo, Celso Fernandes. *Política, sistema jurídico e decisão judicial.* São Paulo: Max Limonad, 2002, p. 57-63. Campilongo utiliza as expressões "politização do direito" e "judicialização da política" para descrever o referido fenômeno, listando as críticas mais comuns e as suas fragilidades. Aponta, porém, uma aproximação inevitável entre o direito e a política, bem como o limite operativo dessa aproximação para evitar a corrupção dos códigos de cada subsistema.

políticos, historicamente falando. Todavia, o curioso é que esse ativismo cego, se não olhar para o seu entorno, poderá cair no mesmo desprestígio que outrora cercava os demais poderes.[15]

O fenômeno intitulado "judicialização da política" não é difícil de ser justificado em uma sociedade que, de um lado, a política há tempos demonstra sinais de crise de representação[16], de outro, a Constituição Federal outorga ao STF uma competência jurisdicional ampla, se comparada à sua natureza institucional.[17] Esses fatores, porém, foram apimentados pela dimensão legal e social que o acesso à justiça tomou no período pós-Constituição de 1988.[18]

A população brasileira ingressa rotineiramente com ações judiciais. Procurar o Judiciário, a propósito, tornou-se parte da cultura nacional. Em 2013, por exemplo, foram distribuídas 23.474.341 novas demandas judiciais no Brasil, das quais 17.271.369 na Justiça comum e 6.202.972 em

[15] SANTORO, Emilio. *Diritto e diritti*: lo stado di diritto nell'era della globalizzazione. Torino: G. Giappichelli Editore, 2008. p. 26, 27.

[16] CAMPILONGO, 2002, p. 59: "No interior das estruturas do sistema político tradicional, ou seja, no Estado, o Poder Judiciário passa a ser percebido como a instância aparentemente habilitada a superar a paralisia, a ineficácia e a corrupção do sistema político". Sobre a crise da representação política, ver CAMPILONGO, Celso Fernandes. *O direito na sociedade complexa*. São Paulo: Max Limonad, 2000, p. 73.

[17] SADEK, Maria Tereza. Judiciário e arena pública: um olhar a partir da ciência política. In: GRINOVER, Ada Pellegrini; WATANABE, Kazuo (Coord.). *Controle jurisdicional de políticas públicas*. 2ª ed. Rio de Janeiro: Forense, 2013, p. 19: "[...] Em outras palavras, o protagonismo judicial encontra guarida em variáveis decorrentes do senho institucional e da amplitude dos direitos reconhecidos legalmente. Essas balizas levam a concluir que a relação entre o Poder Judiciário e as políticas públicas é indissociável e previsível".

[18] O Poder Judiciário alcançou ares de poder com o implemento da Constituição de 1988, tornando-se arena pública com expressiva participação nos grandes temas de interesse da sociedade brasileira. O texto magno forjou um novo desenho institucional no qual o ranço, alcançado pós-revolução francesa, do juiz como boca da lei ficou para trás. A aplicação das leis ainda faz parte do seu mister, contudo, não como mero aplicador, mas como agente político que também é pressionado pelas demandas sociais, motivando-o a se comprometer com a concretude de direitos como à saúde. Dessa forma, o embate com os outros poderes é inevitável, sobretudo, ao rever as decisões dos outros poderes, como constantemente tem feito. Prova disso se encontra também nos dados trazidos por Maria Tereza Sadek, dos quais se destacam, por exemplo, que do período de 1988 até 2002 o STF invalidou mais de duzentas leis federais, enquanto, no entanto, a Suprema Corte norte-americana, em toda a sua história invalidou, 135 leis federais. SADEK, 2013, p. 15-18.

juizados especiais, conforme dados do "Relatório Justiça em Números" do Conselho Nacional de Justiça (CNJ).[19]

Essa judicialização tem como consequência, entre outras coisas, obrigar os juízes a enfrentar situações novas em julgamentos e propiciar que tais situações sejam novamente vistas pelos mesmos julgadores ou por outros integrantes da Magistratura, todos eles sujeitos a uma pressão social canalizada pelo grande número de processos judiciais suscitando a efetivação do direito à saúde.

Assim, se a modernidade trouxe como conquista social a promessa de igualdade, não é menos verdade afirmar que o Judiciário tornou-se o poder escolhido como arena pública à efetivação deste direito fundamental.[20] E o STF, por sua vez, tipifica-se como centro dessa arena, já não tão nova, em razão da própria estrutura da Justiça, que lhe impõe o constante dilema da última palavra. Tal cenário tem provocado constante tensão com os outros Poderes da República.[21]

1.2. A jurisprudência do Supremo Tribunal Federal em Direito à Saúde

Dentro do cenário do ativismo do STF, o direito à saúde se destaca justamente porque a judicialização da saúde, em âmbito nacional, agigantou-se a ponto de os Poderes Públicos terem os seus orçamentos alterados de forma drástica para atender a decisões judiciais, consoante evidencia a audiência pública realizada pelo então Presidente da Suprema Corte, Ministro Gilmar Ferreira Mendes, quando representantes da Magistratura, da Advocacia Geral da União, médicos, gestores públicos, acadêmicos e membros da sociedade civil se manifestaram a respeito da judicialização dos problemas da saúde no Brasil.[22]

A importância da judicialização da saúde pelo STF foi reconhecida pelo próprio Tribunal Constitucional quando convocou audiência pública, a fim de obter subsídios com especialistas de diversos setores da sociedade.

[19] BRASIL. Conselho Nacional de Justiça. *Justiça em números 2014*: ano-base 2013, p. 39. Disponível em: <http://ftp.cnj.jus.br/Justica_em_Numeros/relatorio_jn2014.pdf> Acesso em: 7 fev. 2016.

[20] SADEK, 2013, p. 6-10.

[21] SADEK, 2013, p. 1-4.

[22] *Vide* BRASIL. Supremo Tribunal Federal. Audiências públicas realizadas. *Judicialização do direito à saúde*. Disponível em: <http://www.stf.jus.br/portal/audienciaPublica/audienciaPublica.asp?tipo=realizada>. Acesso em: 19 jan. 2016.

Uma das primeiras conclusões que se chegou concerne ao fato de que a política pública de saúde efetivamente vem sendo redirecionada pelas decisões judiciais. A Administração Pública tem sido obrigada a se adaptar à lógica judicial imposta pelas reiteradas decisões. Essa audiência demonstra a preocupação da Suprema Corte com as consequências das decisões do sistema jurídico no sistema político.[23]

A jurisprudência da Suprema Corte denota ainda casos emblemáticos como o Pedido de Suspensão de Tutela Antecipada nº 198/MG[24], indeferido pelo STF, no qual se postulava a suspensão da decisão antecipatória dos efeitos da tutela jurisdicional concessiva de medida que obrigou o respectivo estado-membro a arcar com um tratamento de doença rara e degenerativa, no importe de aproximadamente R$ 2.600.000,00 (dois milhões e seiscentos mil reais) ao ano, segundo informação do governo de Minas Gerais. Cita-se, também, como exemplo dessa atuação da Corte, o julgamento da Suspensão de Tutela Antecipada nº 223[25], na qual o Estado de Pernambuco pedia a cassação de decisão do Tribunal de Justiça do Estado (TJPE), cujo conteúdo era o fornecimento de medicamento no importe de US$ 150.000 (cento e cinquenta mil dólares), inclusive com a determinação de que R$ 269.000,00 (duzentos e sessenta e nove mil reais) fossem pagos diretamente na conta do médico indicado pela família. Os ministros

[23] BRASIL. Supremo Tribunal Federal. Audiências públicas realizadas. *Judicialização do direito à saúde.* Disponível em: <http://www.stf.jus.br/portal/audienciaPublica/audienciaPublica.asp?tipo=realizada>. Acesso em: 19 jan. 2016.

[24] BRASIL. Supremo Tribunal Federal. *Suspensão de Tutela Antecipada nº 198/MG.* Relator Ministro Gilmar Mendes. Requerente: Estado de Minas Gerais. Requerido: Relator do Agravo de Instrumento nº 2007.01.00.043356-3 do Tribunal Federal Regional da 1ª Região. União. Município de Belo Horizonte. Brasília, DF. Julgado em 22.12.2008. Publicado em 03.02.2009. Disponível em: <http://stf.jus.br/portal/jurisprudencia/listarJurisprudencia.asp?s1=%28STA%24%2ESCLA%2E+E+198%2ENUME%2E%29&base=basePresidencia&url=http://tinyurl.com/obe847x>. Acesso em: 16 feb. 2016.

[25] BRASIL. Supremo Tribunal Federal. *Suspensão de Tutela Antecipada nº 223/PE.* Relatora Ministra Ellen Gracie. Requerente: Estado de Pernambuco. Requerido: Relator do Agravo de Instrumento nº 0157690-9 do Tribunal de Justiça do Estado de Pernambuco. Brasília, DF. Julgado em 12.03.2008. Publicado em 18.03.2008. Disponível em: <http://stf.jus.br/portal/jurisprudencia/listarJurisprudencia.asp?s1=%28STA%24%2ESCLA%2E+E+223%2ENUME%2E%29&base=basePresidencia&url=http://tinyurl.com/aj28lcv>. Acesso em: 16 mar. 2016.

decidiram manter a decisão proferida pelo TJPE e, consequentemente, o tratamento milionário foi ofertado pelo estado pernambucano.[26]

1.3. As decisões do Supremo Tribunal Federal como acoplamento estrutural entre a política e o Direito

As decisões da Suprema Corte brasileira mencionadas linhas atrás se tipificam como um choque comunicativo. As referidas decisões formam o núcleo do material empírico da presente investigação.

O fenômeno de evolução social é descrito pela teoria dos sistemas, por meio de trocas comunicativas internas e externas aos subsistemas parciais diferenciados. As comunicações que advêm do externo sob outro binário acabam por irritar o subsistema cujo interior processará a comunicação externa, transformando-a em comunicação interna e, ao mesmo tempo, codificando-a ao seu binarismo. Provoca-se, então, nova seleção para atingir a estabilização, o que motiva a evolução social.[27]

Para Luhmann, a Constituição é a grande responsável pelo acoplamento estrutural entre o sistema político e o sistema jurídico, que propiciará uma relação comunicacional entre ambos, que os sensibilizará por meio da comunicação recíproca, além, é claro, de demarcar a respectiva fronteira funcional, como expõe Campilongo.[28] No entanto, quando a situação se torna conflitiva a ponto de ser levada ao Judiciário é a Suprema Corte, em se tratando de questões constitucionais, o *locus* em que será dirimida a litigiosidade entre política e direito. O STF surge como extensão

[26] BRASIL. Supremo Tribunal Federal. *AG.Reg. na Suspensão de Tutela Antecipada STA 223.* Plenário. Relator Ministro Presidente. Agravante: Marcos José Silva de Oliveira. Agravado: Estado de Pernambuco. Brasília, DF. Julgado em 14.04.2008. Disponível em: <http://stf.jus.br/portal/diariojustica/verdiarioprocesso.asp?numDj=83&datapublicacaoDj09/05/2008&incidente=3654789&codCapitulo=2&numMateria=14&codMateria=4>. Acesso em: 18 mar. 2016.

[27] LUHMANN, Niklas. *La costituizione come acquizione evolutiva.* A cura di ZAGREBELSKY, Gustavo; PORTINARO, Pier Paolo; LUTHER, Jörger. *Il futuro della costituzione.* Torino: Giulio Einaudi, 1996b, p. 83-128; MANSILLA, Darío Rodríguez. *Invitación la sociología de Niklas Luhmann.* In: LUHMANN, Niklas (Org.). *El derecho de la sociedad.* Tradução Javier Nafarrate Torres. México: Universidad Iberoamericana, 2002, p. 24.

[28] CAMPILONGO, 2000, p. 77.

deliberativa das litigiosidades a respeito da Constituição Federal, tipificando-se como centro do sistema jurídico.[29]

A Corte Constitucional, na verdade, é o palco onde se evidencia o acoplamento estrutural entre os sistemas jurídico e político proporcionado pela Constituição sob as lentes sistêmicas. Trata-se de acoplamento forjado para dirimir um litígio. A comunicação trocada pelos referidos sistemas não foi suficiente para atender aos anseios sociais, o que gerou lide a ser dirimida, pelo desenho constitucional, justamente pelo STF. A evolução dar-se-ia por nova comunicação (causa de irritação), nova seletividade e reestabilização, o que afastaria, logo de plano, pensar em uma racionalidade rígida.

Luhmann descreveu o avanço social por meio de uma variedade de opções, seleção e estabilização, e sucessivamente novas opções, nova seleção e nova estabilização, dentro de um processo comunicacional interno aos sistemas (direito, política e economia, exemplificadamente citados), o que possivelmente geraria alteração de sentido nas operações sociais.[30] Essa operação é, todavia, fechada e cognitivamente aberta; realiza-se internamente aos sistemas de forma binária sob seu respectivo código, porém, mantém-se aberta às comunicações externas, como no caso dos acoplamentos estruturais. Durante esse processo, os acoplamentos estruturais realizam a troca comunicacional entre dois sistemas como estruturas sociais.[31]

[29] GUERRA FILHO, Willis Santiago. *Posição das cortes constitucionais no sistema jurídico: pequena contribuição para discutir fundamentos racionais do pensar nos tempos de judicializar do direito a partir da teoria de sistemas sociais autopoiéticos*. In: LIMA, Fernando Rister de Sousa; MARTINS, Otávio Henrique; OLIVEIRA, Rafael Sérgio Lima de. (Coord.). *Poder Judiciário, direitos sociais e racionalidade jurídica*. São Paulo: Campus Jurídico, 2011, p. 339: "[...] Ao mesmo tempo, ao pronunciarem a última palavra sobre o que é e o que não é direito, situam-se no 'centro do centro' do sistema jurídico. Este 'centro do centro', então, é onde se daria o acoplamento estrutural do sistema jurídico com outros, e não só com o sistema político. [...]".

[30] LIMA, Fernando Rister de Sousa. *Sociologia do direito*. O direito e o processo à luz da teoria dos sistemas de Niklas Luhmann. 2ª ed. rev. e atual. Curitiba: Juruá, 2012, p. 41-47.

[31] LIMA, Fernando Rister de Sousa. Constituição Federal: acoplamento estrutural entre os sistemas político e jurídico. *Direito Público*. Porto Alegre, Síntese, ano 7, nº 32, p. 20, 21, mar./abr. 2010.

1.4. Hipóteses de pesquisa

A hipótese principal do problema de pesquisa é: o STF julga em desfavor da heterorreferência da política para privilegiar a autorreferência do direito. A comunicação que vem do sistema político acaba excluída do processo de evolução social realizado a partir dos julgamentos da Suprema Corte. Consequentemente, a sobreposição da operação jurídica diminui os efeitos comunicacionais que deveriam ser proporcionados pelo acoplamento estrutural.

Há outros resultados possíveis, porém, como o inverso da hipótese principal: por exemplo, o código da política pode sobrepor-se ao código do direito nos julgamentos da Suprema Corte de modo a prejudicar a autorreferência do direito. Também é possível apontar como eventual resultado o equilíbrio entre as comunicações em uma tipificação de acoplamento equilibrado, sem privilegiar algum desses códigos.

Enfim, poder-se-ia pensar em um resultado de não uniformidade entre as operações comunicacionais tipificadas nos julgamentos analisados. Os julgamentos poderiam privilegiar ora um código, ora outro, sem um critério aparentemente definido.

2. As Comunicações Jurídicas e Políticas nas Decisões do Supremo Tribunal Federal em Direito à Saúde

Historicamente, o direito sempre foi motivado a evoluir em razão do conflito. A própria criação do direito e sobretudo a sua contingência são fruto também da pressão recebida, oriunda de um ambiente social abundante em conflituosidade. Analisar decisões judiciais é observar a institucionalização do conflito. Processos são, em última análise, a canalização dos conflitos sociais por meio de procedimento estatal que pretende decidir sobre as disputas em questão.[32] O sentido da decisão, porém, normalmente é construído pela argumentação. O julgador serve-se da argumentação para explicar os porquês do *decisum* tomado, seja para construir um raciocínio de mérito, seja mesmo para legitimar-se socialmente.[33]

2.1. Argumentação jurídica

A argumentação jurídica é construída a partir de distinções feitas pelo sistema. Ela se forma pela combinação de cada um dos lados das distinções. Basicamente, trata-se de três distinções (i) operação/observação, (ii) auto/hetero-observação e (iii) controvertido/incontrovertido, as quais, no caso do sistema jurídico, são distinguidas de modo a participar da atribui-

[32] GROSSI, Paolo. *Prima lezione di diritto*. Bari: Editori Laterza, 2003, p. 8-12; LOPES, José Reinaldo de Lima. *O direito na história*. Lições introdutórias. 5ª ed. São Paulo: Atlas, 2014, p. 18, 25; CARNELUTTI, Francesco. *Como nasce o direito*. 4ª ed. Trad. Ricardo Rodrigues Gama. Campinas: Russell, 2010, p. 9-32.

[33] LUHMANN, Niklas. *Das recht der gesellchaft*. Frankfurt am Main: Suhrkamp, 2013, p. 338-402; LUHMANN, Niklas. *O direito da sociedade*. Trad. Saulo Krieger São Paulo: Martins Fontes, 2016, p. 451-537.

ção de valores do código lícito/ilícito. A escolha da referida dualidade é demonstrada pelo jogo argumentativo, de modo que a redundância e a variedade sejam condições de possibilidade da argumentação jurídica. A redundância tem a função de rebater o excesso de informações, a fim de produzir e selecionar as informações que têm capacidade de novidade. A variedade é a diversidade de operações que um sistema reconhece como próprias.

Na construção da argumentação, distinguem-se também a informação e a redundância: a informação é o valor de surpresa das notícias; a redundância resulta do fato de a informação precedente ser considerada na operação dos sistemas autopoiéticos. Redundância é a informação que já se possui para processar informações posteriores; variedade é a informação que ainda falta para este intento.

A redundância é ainda condição de possibilidade da argumentação jurídica. Se a justiça é dada pela consistência de decisões, podemos dizer que justiça é redundância. Erros são indicadores operativos da injustiça possível do sistema. Por meio da relação entre variedade e redundância, o sistema reproduz a adaptação ao ambiente. Um sistema jurídico diferenciado deve garantir o fechamento da operação e a elevada irritabilidade, assim como a redundância e a variedade.

A argumentação jurídica tem de ser capaz de propor uma decisão acerca de lícito/ilícito e de, ao mesmo tempo, justificá-la. Os argumentos sociais surgem como formas de dois lados do seu referido sistema. Textos argumentativos se referem aos seus próprios sistemas; podem ser tipificados como auto-observação. Desta forma, a argumentação consiste em um processo autorreferencial que também faz parte da autopoiese do sistema jurídico. Nas decisões judiciais, a regra posta é justamente fruto da maneira de argumentar. Consequentemente, se não há cognição de determinados argumentos, o diálogo comunicacional se torna um "diálogo de surdos", no qual um dos lados constrói a sua artificialidade, ignorando o outro lado da forma, que seria trazido pela argumentação desconsiderada.

A teoria dos sistemas não rotula os argumentos jurídicos em bons ou ruins (positivos ou negativos), apesar de sua típica característica de binariedade. Aliás, os argumentos, por si sós, não têm capacidade de conferir validade ou invalidade aos direitos. O filtro da validade jurídica busca afastar preconceitos morais/valoração mediante a diferenciação funcional, de modo que, quanto mais diferenciado comunicacionalmente, menor é a chance de se incorrer em desvios de moralidade ou imoralidade em desfavor da legalidade. Ademais, ao descrever o processo argumentativo, a teoria dos sistemas aponta para argumentos formais e substantivos. Os primeiros são os autorreferenciais, numa perspectiva objetiva da comunicação, atendo-se ao ambiente interno. Os segundos, porém, carregam informação externa ao ambiente do sistema, daí o uso da expressão heterorreferência, o que evitará que o sistema se afaste da realidade, num jogo comunicacional completamente alienado do resto da sociedade.[34]

A argumentação trazida pelas partes seria não só responsável por irritar o sistema jurídico com os novos argumentos, agora utilizados para provocar o sistema a produzir nova comunicação, como aumentaria a sua complexidade, tornando-o propício às próprias sistematizações dogmáticas: argumentos (irritação), nova variedade de escolhas, seleção, nova decisão e, com ela, estabilização comunicativa. Nota-se, portanto, que a inserção dos argumentos no debate é essencial para a consistência argumentativa – consistência e adequação. A linguagem é imprescindível para a autopoiese; sem ela não há experiência linguística e, por isso mesmo, não há comunicação.

2.2. Distinguir argumentos para conhecê-los

A comunicação também é uma operação de seleções ligadas entre si: de um lado, Alter seleciona a informação e a forma de partilha; de outro, Ego seleciona uma compreensão ao observar o que foi partilhado.[35]

Comunicação envolve informação, partilha e compreensão. Compreender (*vestehem*) é perceber, é irritar, pois há mudança no estado anterior. A conversa só inicia com a escolha do conteúdo; quer dizer, sem a distinção que resulta em apontar o tema a comunicação não inicia. Há variedade de escolhas. Comunicação não se dá com nova informação, mas sim com a redundância que é o início. A redundância inicia o processo numa autorreferência, contudo, precisa de nova informação (heterorreferên-

[34] LUHMANN, 2016, p. 457, 458.

[35] MASCARENO, Aldo. *Prefácio II – A teoria dos sistemas sociais*, de Luhmann, como teoria geral. In: SILVA, Artur Stamford da. *10 lições sobre Luhmann*. Petrópolis: Vozes, 2016. p. 19; SILVA, Artur Stamford da. *10 Lições sobre Luhmann*. Petrópolis: Vozes, 2016. p. 48.

cia). Quando a redundância é agregada à nova informação, há evolução; portanto, torna-se parte autopoiesis sistêmica.[36]

Às premissas adotadas no trabalho interessa mais a operação jurídica do que a estrutura legal em si. O olhar descritivo é voltado para cada operação do sistema jurídico, materializada pela comunicação emitida pelo Tribunal em questão. Com isso, a consistência ou a inconsistência do sistema se dá a cada operação e não numa estrutura previamente fixada, que seria possível averiguar a validade ou invalidade sistêmica. Nesta linha, é nas decisões do STF que a pesquisa observa os elementos utilizados com escopo de identificar os elementos comunicacionais evidenciados nas decisões, mesmo porque o direito não consegue nem prever nem diagnosticar todo o seu externo. Os ambientes sistêmicos pressupõem relações hipercomplexas que já foram reduzidas pelas diferenciações comunicacionais. A distinção comunicacional é a forma de se demonstrar que a comunicação foi recebida pelo sistema do direito.[37]

2.3. Argumentos jurídicos e políticos no Supremo Tribunal Federal

A inclusão da argumentação (jurídica e política) vinda dos sistemas parciais no processo de seletividade das decisões do STF compõe os dois lados do processo interpretativo e tipifica, como descreveu Luhmann, uma forma de dois lados.[38]

Os acoplamentos estruturais, porém, potencializam a mistura dos argumentos que fariam parte do processo de seletividade interna aos dois sistemas (jurídico/político) acoplados. No Brasil, a Constituição Federal é o acoplamento estrutural entre a política e o direito. A troca de comunicações entre ambos os sistemas é realizada de forma ininterrupta, possibilitando que se choquem e que suas comunicações se influenciem mutuamente, acopladas pela Constituição.

Cada sistema em análise (direito e política) produz internamente a sua argumentação (jurídica e política), tornando-se textos que a Corte Suprema utilizará como fonte de fundamentação ao decidir a lide proposta no recurso julgado. Textos, sim, porque, a partir deles, forja-se a

[36] SILVA, 2016, p. 43, 46-48.

[37] CORREIA, José Gladson Viana. *Sociologia dos direitos sociais*. São Paulo: Saraiva, 2014, p. 203.

[38] LUHMANN, Niklas. *La sociedade de la sociedade*. Traducción Javier Torres Nafarrate. México: Editorial Herder, 2007, p. 426.

argumentação do Tribunal como fruto de interpretação inerente ao processo de diferenciação do direito, numa operação interna (comunicacionalmente fechada), porém, aberta às comunicações oriundas dos demais sistemas.[39]

A argumentação usada como justificativa (a *ratio decidendi*) se torna a distinção indicada pelo observador, no caso, os ministros do STF. Internamente ao sistema parcial do direito – como nos outros sistemas parciais, vale consignar –, a comunicação acaba gerando outras distinções pela interpretação, que é resultado natural da operação de seletividade interna ao sistema. No entanto, o sistema jurídico descrito por Luhmann considera que o juiz, como observador, está obrigado a trazer ao processo de interpretação os argumentos de ambos os lados e não pode contentar-se com seus interesses e/ou preferências. Trata-se de uma coação do sistema jurídico ao julgador. Um sistema sem variedade de escolhas não reagiria às irritações do ambiente.[40]

Contudo, na distinção ora adotada (variedade x redundância), a diferença é justamente a forma como funciona a comunicação entre o sistema jurídico e o ambiente social. No plano da argumentação, é assim que os sistemas organizam a sua complexidade. Esse processo é, todavia, fomentado pelos acoplamentos estruturais que potencializam a comunicação entre os conceitos jurídicos (autorreferências) e os interesses (heterorreferências).

A interpretação travada internamente ao sistema jurídico é influenciada pelo ambiente formado dentro dele em razão do conjunto das comunicações. Ocorre, todavia, que a brusca redução da complexidade acaba por impedir a heterorreferência.[41] Nos litígios, há casos nítidos de tentativa de buscar suprimir o déficit da Administração Pública na prestação da saúde – nítida incapacidade da política. A elevada proporção de ações e a sua extensão no tema saúde deveriam ter potencializado a reflexidade do sistema jurídico. Apesar disso, o que se vê é justamente o oposto, uma drástica redução da complexidade – vide baixa variedade argumentativa – com a repulsa dos argumentos políticos, praticamente com sua exclusão do jogo comunicativo. Esses argumentos não entram no processo evolu-

[39] LUHMANN, 2007, p. 426-434.

[40] LUHMANN, 2007, p. 435, 436.

[41] CAMPILONGO, 2012, p. 92.

tivo porque o observador não os distingue como variedade, o que simplesmente não permite o acoplamento estrutural que deveria ser tipificado pelos julgamentos em tela.

2.4. A forma e o sentido do direito nas decisões analisadas

A função do direito na sociedade moderna é a manutenção das expectativas normativas ao longo do tempo sob as lentes da teoria dos sistemas de Niklas Luhmann. Assim entendido, o direito ajudaria a garantir que os valores consagrados nos programas normativos tenham credibilidade social, fazendo com que a população continue a acreditar nesses valores.[42] O direito cumpre o seu mister, porém, mediante comunicações caracterizadas pelo código lícito/ilícito (*Recht/Unrecht*), de forma repetida e contínua.[43] Tais comunicações reiteradamente impõem condutas aos demais sistemas sociais parciais. Esse fenômeno de imposição de condutas é rotina no sistema jurídico. A sua forma de estudo já foi rotulada de ciência do "dever-ser", justamente por esse motivo. Nesse aspecto, a organização da jurisdição (com a diferença entre membros e não membros) representa o centro do sistema jurídico. Os tribunais são colocados no centro do sistema. A legislação, por outro lado, localiza-se na periferia.[44]

A forma do direito tipifica-se na combinação das distinções: expectativas normativas/cognitivas e direito/não direito. As adaptações sociais das decisões judiciais operam este marco ao variar o sentido das normas jurídicas e dos programas normativos. Não há uma definição objetiva sobre o conteúdo da decisão e, sim, tipifica-se uma binariedade produzida dentro

[42] LUHMANN, 1995, p. 129, 131, 136, 151.

[43] LUHMANN, 1995, p. 167-181, sobretudo 168-170. Sobre código do direito, ver LIMA (2012, p. 62) observa: "O código é um esquema binário de distinção em que se excluem outros valores que não os dois inseridos no código. Tem seu fundamento na comunicação científica: verdadeiro/não verdadeiro. Sua utilização proporciona segurança, só por ele o sistema se comunicará. Permitirá, ainda, ao sistema relacionar uma atividade positiva com uma negativa, consequentemente participará da diferenciação funcional da sociedade. A binariedade permite identificar com facilidade dois valores contrapostos e como esses valores se relacionam. Uma verdade é autêntica devido ao código considerá-la desta forma. A verdade será uma característica dada sem alternativa, uma vez que é verdade por não ser inverdade. Ela é fundamental à função do código, qual seja: tratar de modo simétrico os seus valores. É uma preferência institucionalizada entre o valor positivo e o negativo".

[44] LUHMANN, 2016, p. 273-311.

do sistema reflexivo do direito. O processo decisional sustenta a reflexividade sistêmica, própria de sistemas autopoiéticos (produtores de elementos e estruturas próprios), de modo a influenciar a tomada das próximas decisões.

A quantidade elevada de situações cotidianas distintas, contraditórias, faz com que o paradoxo seja uma questão marcante na sociedade. Os paradoxos se tornaram estrutura constante nos processos de diferenciação funcional e sua resolução acaba sendo o grande propulsor deste processo evolutivo pois, com os litígios cada vez mais complexos, de origens das mais diversas e com níveis refinados de litigiosidade, o sistema precisa aumentar a sua capacidade de abstração, identificada pelo processo de reflexão interna não tão hierarquizado, ligado agora ao constante diálogo entre centro e periferia. Por isso mesmo, Luhmann fala que tal mudança de paradigma é uma autopreservação do sistema jurídico, que justamente torna o sistema mais circular (funcional) e menos estrutural como forma de garantir que decidirá sempre que provocado e em situações cada vez mais complexas.[45]

A hipercomplexidade social forja a formação de paradoxos sociais, os quais são levados à jurisdição para serem resolvidos mediante decisões jurídicas. A necessidade de sempre ter de decidir – o *non liquet* – impõe um grande desafio, conduzindo a uma reflexão interna ao sistema jurídico, que paulatinamente afastou a ideia de hierarquia das normas para pensar no ideário centro e periferia. A alta complexidade fez com que o sistema se especializasse em diferenciação comunicacional como autodefesa, cuja diferença trouxe alta seletividade sobre os pontos fundamentais da decisão e orientação pelos programas que se tornam regras de decisão a auxiliar a construção de sentido de determinado *decisum*. Promove-se, assim, uma decisão que materializa – ou ratifica – uma distinção (l/i) que, por sua vez, acaba ocultando o paradoxo motivador delas.[46]

Forma é o resultado de uma distinção paradoxal porque caracteriza a unidade quando inclui e, ao mesmo tempo, joga com a diferença quando exclui. A comunicação é a forma da sociedade, portanto, não é ontológica; ao contrário disso, torna-se uma abstração formal, simbólica, entre

[45] LUHMANN, 2016, p. 428.

[46] LUHMANN, 2016, p. 413, 414, 426-429.

os homens.[47] Tudo isso sob a binariedade sistêmica cujo resultado é fruto da reflexão interna do sistema jurídico. O processo decisional sustenta a reflexividade sistêmica, própria de sistemas autopoiéticos (produtores de seus elementos e de suas estruturas), de modo a influenciar a tomada das próximas decisões.[48]

A quantidade elevada de situações paradoxais na rotina social faz com que o paradoxo seja uma das questões marcantes na sociedade. Os paradoxos se tornaram estrutura constante nos processos de diferenciação funcional. Sua resolução acaba sendo um dos grandes propulsores do processo evolutivo social. No direito, é possível identificar os litígios cada vez mais complexos, das mais diversas origens e com níveis refinados de litigiosidade. O sistema, por conseguinte, precisa aumentar a sua capacidade de abstração.

A necessidade de o sistema jurídico ter sempre de decidir (o *non liquet*) impõe um grande desafio. A solução para este problema é representada pela alteração do paradigma hierarquizado dentro do sistema jurídico. Por meio de um processo interno de reflexão, o sistema afastou a ideia de hierarquia (relativa a fontes do direito e à assimétrica legislação/jurisprudência) para pensar no ideário centro e periferia.

Esse contexto materializa uma oportunidade de autopreservação do sistema jurídico, que pode levar a cabo as suas decisões em situações cada vez mais complexas (LUHMANN, 2016, p. 428). O direito é definido de acordo com um código específico (l/i) – e não mais por diferentes pontos de vista (moral, político etc.) – e com programas especiais (ou seja, regras da decisão) que permitem a correta imputação de valores do código. Isso

[47] NAFARRATE, Javier Torres. Prefácio. LUHMANN, Niklas. *Sociologia primeira*. In: SILVA, 2016, p. 10.

[48] FEBBRAJO, 1975, p. 95, 97, 99-100. Na avaliação de Neves (2007, p. 132): "Pode-se, de acordo com o modelo sistêmico teórico, formular de maneira mais rigorosa: reflexividade como mecanismo no interior de um sistema autopoiético implica que o processo referente e o processo referido são estruturados pelo mesmo código binário e que, em conexão com isso, critérios e programas do primeiro reaparecem em parte no segundo. Por conseguinte, não é suficiente, por exemplo, indicar a normatização da normatização, pois a normatização religiosa ou moral da normatização jurídica, como também a referência normativa de um padrão de 'direito natural' à emissão de norma jurídico-positiva não representam, nesse sentido estrito, nenhuma reflexividade da produção normativa".

leva a uma decisão que ao materializar uma distinção (l/i) acaba ocultando o paradoxo inicial (LUHMANN, 2016, p. 413-414, 426-429).

2.5. Análise parcial das decisões do Supremo Tribunal Federal

2.5.1. Método de coleta de dados documentais

A partir de precedentes judiciais da Suprema Corte brasileira, publicados diretamente no seu sítio eletrônico (www.stf.gov.br), realizou-se um levantamento documental parcial. A busca dos acórdãos no citado sítio eletrônico teve como expressão-chave "direito à saúde". O resultado foi um levantamento inicial de 845 acórdãos, os quais paulatinamente vêm sendo analisados no curso pós-doutorado, de modo a identificar apenas aqueles que servirão à resolução do problema proposto na pesquisa.[49]

A abordagem da análise das decisões é a qualitativa, em detrimento da quantitativa. O critério para escolha dos acórdãos a serem estudados em profundidade é justamente a possibilidade de visualização, pela leitura de seu inteiro teor, da comunicação entre os sistemas político e jurídico. Com efeito, a escolha da matéria-prima observada será a visibilidade do acoplamento estrutural operacionalizado pelo STF, de modo a permitir que a Constituição Federal seja vista efetivamente como responsável pelo choque comunicacional entre os dois sistemas em questão e, por conseguinte, pela demarcação de limites funcionais impostos no decorrer desse processo comunicacional.

2.5.2. Relatório das decisões analisadas

Como mencionado, o procedimento de identificação das decisões judiciais foi realizado diretamente no site do STF, especificamente no link jurisprudência (http://www.stf.jus.br/portal/jurisprudencia/pesquisarJurisprudencia.asp).

Para a consulta, utilizou-se inicialmente a expressão "direito à saúde", o que resultou em 845 decisões. A par desse material, promoveu-se um recorte utilizando dois critérios: um de ordem temporal e outro material. Em relação à ordem temporal, deu-se preferência, para a análise qualitativa, às decisões publicadas a partir de 2014; as decididas em 2016 e 2017 foram analisadas com maior vagar. Com esses dados, pretendeu-se descrever a postura atual da Corte Constitucional brasileira, com pertinência ao

[49] QUEIROZ, 2015, p. 98-104.

mesmo período de realização da pesquisa pós-doutoral. O outro critério, material, adotado para a escolha dos acórdãos teve como norte o conteúdo da lide ao se concentrar exclusivamente em demandas cuja pretensão era obrigar o Estado ao fornecimento de remédio ou tratamento médico negado ou não disponível na rede pública.

Uma prévia análise da judicialização da saúde demonstrou a relevância de mérito do tema, a sua atualidade e a necessária resposta que a academia deve ofertar à sociedade sobre o papel que o Judiciário vem exercendo nesse tipo de pleito judicial.

Sem embargo do enfoque qualitativo, consigna-se que, quantitativamente, a jurisprudência do STF é completamente favorável ao fornecimento de remédios ou qualquer intervenção médica pleiteada pela parte requerente. Não se encontrou nenhuma decisão recente desfavorável aos requerentes. Afirma-se com certa tranquilidade, pelos precedentes analisados, que a chance do deferimento de tutela jurisdicional protetiva à saúde é de 100%. Esse era o cenário, ao menos quando se iniciou o julgamento em conjunto dos Recursos Extraordinários nº 56.6471 e nº 65.8818, noticiado em grande escala pela mídia impressa, tendo em vista a expectativa de a Corte impor critérios e limites à concessão da tutela jurisdicional em direito à saúde.[50]

Como é cediço, o objeto da pesquisa não é o mérito do deferimento ou não do direito à saúde. A intenção é verificar se os argumentos vindos da política são tratados no plano cognitivo da mesma forma que os argumentos oriundos do direito, utilizando o vernáculo sistêmico, e se é realizado o acoplamento estrutural da política e do direito nas decisões do Supremo Tribunal de modo a tratar com equilíbrio a comunicação dos litigantes.

Nessa linha, a pesquisa encontrou uma postura jurisdicional próxima à cegueira de um olho só. O olho que deveria ver os argumentos vindos da política parece que ficou cego, ou quase isso. Em vários acórdãos, constatou-se completa indiferença aos argumentos da Administração Pública.

[50] BUSCATO, Marcela. O ano em que a saúde chegou aos tribunais. *Revista Época*, Rio de Janeiro, Globo, 2017, p. 82, 83. COLLUCI, Cláudia. Sem critérios, desigualdade em saúde tende a aumentar. *Jornal Folha de São Paulo*, São Paulo, 29 set. 2016. Disponível em: <http://www1.folha.uol.com.br/cotidiano/2016/09/1817860-sem-criterios-desigualdade-em--saude-tende-a-aumentar.shtml>. Acesso em: 25 jan. 2017.

Eles simplesmente não entram na dialética do processo. Aparecem algumas vezes como trazidos pela política nos relatórios dos acórdãos, todavia, acabam não fazendo parte do processo decisório, mesmo que seja para repeli-los. Boa parte dos julgamentos é realizada de forma a excluir as razões do ente público recorrente do processo argumentativo que influenciará a tomada da decisão e isto acontece com frequência em algumas relatorias da Ministra Carmen Lúcia, como no processo a seguir comentado: **Agravo Regimental no Recurso Extraordinário nº 950.503 – PR**[51]. O voto se resume a transcrever a decisão anterior da Corte e outras recentes. Não enfrentou ou não fez menção a qualquer argumento trazido no recurso julgado. Preocupa-se em desqualificar a interposição de novo recurso, nada falando sobre a sua argumentação, mesmo que seja para criticá-la. Ao ler o relatório, nota-se que a parte recorrente aponta particularidades para fundamentar novo julgamento, porém, o voto nem ao menos faz qualquer menção à argumentação.

Nesse mesmo sentido, sob a relatoria do Ministro Roberto Barroso, identifica-se o **Agravo Regimental no Agravo de Instrumento interposto em face da Denegação do Recebimento ao Recurso Extraordinário nº 894.085/SP**. O município de São Paulo interpôs Agravo Regimental no Agravo de Instrumento que nega admissibilidade a Recurso Extraordinário (RE), que buscou a reforma da decisão do Tribunal *a quo*, concessiva de medicamento a paciente. O recurso não foi provido com fundamento na responsabilidade solidária dos entes públicos, na não violação da separação dos poderes pela implementação de políticas públicas mediante decisão judicial e por estar em sintonia com a jurisprudência da Corte. Não há votos em apartado. O relator não faz remissão aos argumentos trazidos pela Administração Pública no decorrer do seu voto. Ao contrário, a decisão adota expressões genéricas como: "não traz argumentos" e "seus próprios fundamentos" para tentar justificar o seu indeferimento. Apesar disso, pelos argumentos jurídicos do voto, é possível deduzir alguns dos argumentos promovidos pela política. Contudo, ao retornar à leitura do relatório, nota-se o seguinte trecho: "2. A parte agravante alega que

[51] BRASIL. Supremo Tribunal Federal. *Agravo Regimental no Recurso Extraordinário nº 950.503 – PR*. Segunda Turma. Relatora Ministra Cármen Lúcia. Brasília, 9 de agosto de 2016. Disponível em: <http://redir.stf.jus.br/paginadorpub/paginador.jsp?docTP=TP&docID=11878926>. Acesso em: 20 fev. 2017.

a r. decisão do agravo merece reforma, especialmente porque deixou a apreciar os argumentos relativos às garantias processuais e à natureza distributiva do SUS, que impede o fornecimento de medicamentos para aqueles que dispõem de recursos para adquiri-los"[52]. Resulta, portanto, numa decisão completamente autorreferente ao código do direito, sem trazer ao seu processo de seletividade os argumentos políticos na medida em que a natureza de seletividade do Sistema Único de Saúde (SUS) simplesmente desaparece do processo de seletividade decisional. O caráter distributivo do SUS é uma típica função da política que, mesmo trazido a julgamento, foi excluído da argumentação.

Evidenciando uma completa alienação aos argumentos trazidos pela política, encontra-se ainda o **Agravo Regimental em Recurso Extraordinário nº 936.301/ES**[53], com relatoria do Ministro Edson Fachin. O município de Cariacica interpôs Agravo Regimental em Recurso Extraordinário para impugnar decisão que negou seguimento ao Recurso Extraordinário. Pela transcrição da decisão impugnada no voto, conclui-se que o recorrente trouxe a lume o debate sobre a extensão ou não do direito à saúde para o fornecimento de fraldas e luvas. O recurso não foi provido.

A inclusão dos argumentos trazidos pela política não foi feita no processo decisório. A decisão não enfrentou a tese jurídica proposta sob o fundamento do óbice à discussão de fatos e provas, nos termos da Súmula nº 279 da Corte. A distinção feita ao longo do voto do relator é toda no sentido da tese jurídica da extensão do direito à saúde ao fornecimento de fraldas e luvas aos enfermos, de modo que não há qualquer menção à prova ou à eventual necessidade especial do recorrido. Trata-se de tese jurídica reiteradamente pacificada na Corte.

A análise identificou conceitos forjados na jurisprudência do Supremo que acabam fundamentando cegamente as decisões posteriores de forma dogmatizada, a ponto de fechar o debate argumentativo com a política.

[52] BRASIL. Supremo Tribunal Federal. *Ag.R no Agravo de Instrumento ao Recurso Extraordinário nº 894.085/SP.* Relator Ministro Roberto Barroso. Brasília, 15.12.15. Disponível em: <http://redir.stf.jus.br/paginadorpub/paginador.jsp?docTP=TP&docID=10275124.>. Acesso em: 20 fev. 2017. p. 3.

[53] BRASIL. Supremo Tribunal Federal. *Agravo Regimental em Recurso Extraordinário nº 936.301/ES.* Primeira Turma. Relator Ministro Edson Fachin. Brasília, 15 de março de 2016. Disponível em: <stf.jus.br/portal/processo/verProcessoPeca.asp?id=309151141&tipoApp=.pdf>. Acesso em: 20 fev. 2017.

Nesta linha, encontra-se a ideia de direito à saúde como bem indisponível. Esta indisponibilidade, vale dizer, fecha olhos e ouvidos a qualquer argumento limitador do direito à saúde.

A partir da análise qualitativa, voltou-se no tempo para estudar casos relatados pelo Ministro Celso de Mello, responsável por inserir na jurisprudência a indisponibilidade do direito à saúde. Com base nos seus precedentes, forjou-se uma racionalidade jurídica favorável ao deferimento de fármacos e de tratamentos, independentemente do custo. As decisões relatadas pelo citado ministro partem da indisponibilidade como premissa intocável e, assim sucessivamente, ignoram alegações contrárias. Formou-se uma racionalidade dogmatizada, como evidenciam os julgados RE 393.175-AgR/RS e AI 662.822/RS, relatados pelo Ministro Celso de Mello.

Há julgados, ainda, que não demonstram acoplamento algum entre as comunicações em tela. Materializa-se, assim, um jogo de lados no qual a política sempre seria o lado do mal e o jurisdicionado sempre representaria o lado do bem. Nestes processos, não há julgamento e sim aplicação prévia de sanção com a condenação de qualquer remédio ou tratamento solicitado, independentemente do contexto. O julgamento, desta feita, é ideológico, não jurídico; não há construção de razão jurídica alguma. A comunicação entre sistemas não acontece, tamanho o fechamento operacional. Pior, nem mesmo os argumentos trazidos pela parte solicitante são pertinentes à formação da convicção, pois esta já foi formada, independentemente da argumentação. Basta a *quaestio* versar sobre direito à saúde que o deferimento é imediato, sem qualquer preocupação quanto à justeza ou não do pleito.

Essa racionalidade ideológica – que, como já se frisou, não é jurídica – é fomentada por uma despreocupação com o erário. Exsurgem daqui expressões chulas que levam o debate para o cenário de um comício em véspera de eleição ou mesmo uma conversa informal entre amigos em um bar.

Exemplo curioso dessa forma de julgar pode ser extraído do **Recurso Extraordinário nº 368.564/DF**[54], no qual a União interpôs Recurso

[54] BRASIL. Supremo Tribunal Federal. *RE 368.564/DF*. Relator Ministro Marco Aurélio. Brasília, 13.04.11. Disponível em: <http://redir.stf.jus.br/paginadorpub/paginador.jsp?docTP=AC&docID=625531>. Acesso em: 20 fev. 2017.

Extraordinário contra decisão do Tribunal Regional Federal da 1ª Região, que a condenou a custear tratamento médico em Cuba para tratar doença rara, denominada retinose pigmentária, de um grupo de pessoas que impetrou mandado de segurança.

A ordem de segurança foi denegada em primeira instância, porém, concedida em segunda instância. Inicialmente, o processo era relatado pelo Ministro Menezes Direito, que já se manifestara pelo provimento do recurso com fundamento em laudo de entidade médica alheia ao debate atestando que a doença em questão não tem cura. O relator, todavia, aposentou-se e o Ministro Marco Aurélio assumiu a relatoria do processo. Ao se colocar na situação de cidadão, utilizou-se de ironia para desqualificar os argumentos econômicos oferecidos pela recorrente, com expressões emotivas como: "A viúva não ficará mais pobre!" e "[...] levo-me à indignação como contribuinte, como cidadão, como juiz [...]". Apesar de citar os argumentos políticos, a forma de enfrentá-los deixa muito clara a sua não introdução no processo de seletividade jurídico. Ao julgar, prevaleceu, sim, o cidadão ao magistrado.

Outro exemplo que revela a não distinção dos argumentos oriundos da política é o **Agravo Regimental em Recurso Extraordinário nº 926.469/DF**[55], relatado pelo Min. Roberto Barroso. O agravo regimental foi interposto pelo Distrito Federal em razão do não seguimento de Recurso Extraordinário interposto para reformar decisão que aparentemente deferiu o fornecimento de remédio de alto custo não incluído na lista do SUS. A questão de mérito gira em torno do fornecimento de remédio não incluído na referida lista. A leitura da decisão não permite identificar com clareza a fundamentação do recurso interposto.

O acórdão possui sete páginas, mas o relator dedicou apenas 2,5 linhas para mencionar os dispositivos legais que teriam sido violados pela decisão do Tribunal *a quo* impugnada. Não há preocupação em distinguir/apontar os argumentos vindos da política. A argumentação proposta pelo relator é autorreferente aos seus argumentos. Por isso mesmo, torna-se muito difícil apurar o conteúdo exato dos argumentos levantados pela Adminis-

[55] BRASIL. Supremo Tribunal Federal. *AgR no RE 926.469/DF.* Primeira Turma Relator Ministro Roberto Barroso. Brasília, 7 de junho de 2016. Disponível em: <www.stf.jus.br/portal/processo/verProcessoPeca.asp?id=309759747&tipoApp=.pdf>. Acesso em: 20 fev. 2017.

tração Pública. É possível, no entanto, fazer deduções com base no conteúdo das teses levantadas pelo relator; porém, sem lastro nas distinções que deveriam ter sido exaradas no voto. Não há clareza nas distinções da argumentação política.

De outro lado, a pesquisa identificou decisões que distinguem os argumentos trazidos pelas partes no processo decisório e, em certa medida, acabam por tipificar o acoplamento estrutural sistêmico, como se pode aferir em muitas decisões que, cada qual a sua maneira, forjam a falta de uniformidade de racionalidade do processo decisório da Corte Suprema.

É possível, então, elencar alguns paradigmas dessa forma de julgar por uma decisão que, além de distinguir os argumentos das partes, acabou inserindo outros não levantados por elas, como acontece no caso do **Agravo Regimental em Recurso Extraordinário nº 831.915/RR**[56], de relatoria do Ministro Luiz Fux. Trata-se de Agravo Regimental interposto pelo não seguimento de Recurso Extraordinário que pretendeu impugnar decisão judicial que determinou o fornecimento de medicamento não incluído na lista do SUS. O relatório transcreveu parte do arrazoado interposto com a intenção de resumir a argumentação da recorrente. O recurso não foi provido.

O início do voto do relator defendeu a solidariedade dos entes públicos ao fornecimento de medicamentos. Estranhamente, esse fundamento até então não constava como fundamento do recurso interposto, ao menos não no trecho transcrito na relatoria do arrazoado recursal. A inclusão de argumento estranho ao debate indica uma desconexão com os argumentos postos pelas partes; negação mesmo à heterorreferência em favor da autorreferência. De resto, o voto aponta os demais argumentos oriundos da política, a fim de rebatê-los com decisões do STF.

Algumas decisões se tornam incompreensíveis do ponto de vista redacional. Nelas, o problema é mais ligado à falta de clareza na escrita do que a não distinção dos argumentos. Porém, com algum esforço cognitivo, é possível identificar os argumentos trazidos por ambos os lados do litígio. Exemplo disso é o **Agravo Regimental em Recurso Extraordinário**

56 BRASIL. Supremo Tribunal Federal. *AgR no RE 831.915/RR*. Primeira Turma Relator Ministro Luiz Fux. Brasília, 5 de abril de 2016. Disponível em: <www.stf.jus.br/portal/inteiroTeor/obterInteiroTeor.asp?idDocumento=10879141>. Acesso em: 20 fev. 2017.

nº 943.547/RN[57], relatado pelo Ministro Gilmar Mendes. O agravante interpôs Agravo Regimental contra decisão denegatória em Agravo de Instrumento que pretendia que o seu Recurso Extraordinário, inadmitido, fosse admitido. O relatório é confuso; dá a entender que o único fundamento do arrazoado é que a decisão recorrida estaria pautada em premissas que não seriam os fundamentos utilizados pelo tribunal de origem para decidir. O mérito do Recurso Extraordinário não admitido é uma cirurgia a ser realizada pelo SUS. O recurso não foi provido com fundamento na Súmula 279 da Corte Suprema, que proíbe o debate fático-probatório dos autos.

Sem embargo da falta de clareza do acórdão, por meio de uma leitura atenta, é possível apontar os argumentos levantados pelos dois lados da lide. A argumentação foi distinguida no voto, a ponto de entrar no processo de dialética que resultará na decisão final. Os dois sistemas influenciaram a decisão, como se vê na distinção das respectivas comunicações no voto. Tipificou-se, assim, um acoplamento estrutural entre os sistemas envolvidos.

A distinção dos argumentos não reclama grande demonstração de erudição, muito menos uma quantidade elevada de citações de autores. Não se trata disso, como demonstram algumas decisões nas quais, de forma direta e concisa, o voto trouxe a lume os argumentos postos pelas partes.

Nessa linha, os **Embargos de Declaração no Agravo Regimental em Recurso Extraordinário nº 744.223/RJ**[58], de relatoria da Ministra Rosa Weber. A União interpôs Embargos de Declaração alegando a não apreciação do pedido de suspensão do processo em razão da sistemática da repercussão geral e que não tinha responsabilidade pelo fornecimento de medicamentos diretamente ao cidadão com base na norma constitucional que garante a divisão de competência constitucional. O recurso foi rejeitado.

[57] BRASIL. Supremo Tribunal Federal. *AgR no 943.547/RN*. Primeira Turma Relator Ministro Gilmar Mendes. Brasília, 17 de maio de 2016. Disponível em: <www.stf.jus.br/portal/processo/verProcessoPeca.asp?id=309622477&tipoApp>. Acesso em: 20 fev. 2017.

[58] BRASIL. Supremo Tribunal Federal. *Embargos de Declaração no Agravo Regimental em Recurso Extraordinário nº 744.223/RJ*. Primeira Turma Relator Ministra Rosa Weber. Brasília, 15 de março de 2016. Disponível em: <file:///C:/Users/sueli_000/Downloads/texto_309229395%20(1).pdf >. Acesso em: 20 fev. 2017.

A relatora apontou os argumentos trazidos para fundamentar o recurso e em seguida passou a desconsiderá-los com base na jurisprudência da Suprema Corte. Os argumentos trazidos pela política foram conhecidos no acórdão. A concordância ou discordância deles não interessa ao adrede da pesquisa.

Existem, dessa forma, processos que os argumentos da política e do direito são inseridos no processo argumentativo para influenciar a tomada de decisão. Acoplar é justamente potencializar a comunicação de ambos os lados.

A propósito, faz-se menção ao **Recurso Extraordinário nº 581.488/RS**[59], relatado pelo Ministro Dias Toffoli. Este recurso foi interposto pelo Conselho Regional de Medicina do Estado do Rio Grande do Sul com intuito de questionar decisão do tribunal de origem, a qual mantinha a proibição de o sistema de saúde público (SUS) possibilitar aos pacientes melhores acomodações e a escolha de médicos de sua confiança, arcando, em ambos os casos, com os custos adicionais, num sistema conhecido como "diferença de classes". O recurso foi improvido ante o entendimento de que tal sistema viola a lógica do sistema de saúde e afronta o acesso equânime e universal ao SUS.

A partir do julgamento, o plenário do STF julgou o tema 579 de repercussão geral para, por unanimidade, fixar a seguinte tese: "É constitucional a regra que veda, no âmbito do Sistema Único de Saúde, a internação em acomodações superiores, bem como o atendimento diferenciado por médico do próprio Sistema Único de Saúde, ou por médico conveniado, mediante o pagamento da diferença dos valores correspondentes".

O voto do relator distinguiu com clareza os argumentos de ambos os lados da contenda. As razões originárias da política e do direito são claramente conhecidas no debate. O Conselho Regional de Medicina do Estado do Rio Grande do Sul, para defender a sua posição, alegou: (i) saúde é direito de todos e dever do Estado, devendo ser exercido sem embaraços; (ii) autonomia aos pacientes para escolherem seus médicos de confiança garantida; (iii) potencialização do exercício do direito à saúde. A Advocacia Geral da União (AGU), e trouxe à lide os seguintes argumen-

59 BRASIL. Supremo Tribunal Federal. *Recurso Extraordinário nº 581.488/RS*. Relator Ministro Dias Toffoli. Brasília, 3 de dezembro de 2015. Disponível em: <http://redir.stf.jus.br/paginadorpub/paginador.jsp?docTP=TP&docID=10624184>. Acesso em: 20 fev. 2017.

tos: (i) o SUS estaria dividindo os custos de uma internação privada; (ii) na carência de leitos disponíveis, os hospitais poderiam optar pelos pacientes que pagassem por boas acomodações; (iii) violação à isonomia de tratamento, por parte do SUS, aos seus usuários. A comunicação inserida na discussão por ambos os sistemas (direito e política) ficou caracterizada na decisão.

De idêntica forma, com tipificação da distinção da comunicação oriunda da política, tem-se a *quaestio* que gerou **Repercussão Geral no Recurso Extraordinário nº 855.178/SE**, na qual a União interpôs Recurso Extraordinário em face de acórdão prolatado pelo Tribunal Regional Federal da 5ª Região, que a condenou a dividir os custos de determinado remédio com o Estado de Sergipe sob o fundamento de que a distribuição de atribuições entre os entes federativos por normas infraconstitucionais não elide a responsabilidade solidária imposta constitucionalmente. Nas razões recursais, destacam-se a fundamentação pela existência de repercussão geral e, no mérito, a violação aos artigos 2º e 198 da Constituição Federal, sob a justificativa de ilegitimidade da União para figurar no polo passivo da demanda porque o SUS é guiado pela descentralização. A obrigação tanto de fornecer como de custear os medicamentos seria de incumbência exclusiva dos órgãos locais. O recurso, relatado pelo Ministro Luiz Fux, teve a sua repercussão geral reconhecida por unanimidade e foi desprovido por maioria de votos com a reafirmação da jurisprudência dominante.

Os argumentos trazidos pela política para fundamentar o julgamento do recurso estão assentados com clareza no voto do ministro relator. Com a sua leitura, fica claro que a Administração Pública ressaltou que o SUS se baseia no financiamento público e na cobertura universal das ações de saúde. Para tanto, é necessário atentar para a estabilidade dos gastos com a saúde e, consequentemente, para a captação de recursos. Essas ilações foram preteridas por outras, em especial, a responsabilidade solidária dos entes públicos e o direito à saúde, o que forjou a argumentação para fundamentar o desprovimento do apelo recursal.

A fundamentação autorreferente dos acórdãos que se nega a dialogar com a realidade processual posta pelas partes remeteu a pesquisa à construção dessa rígida racionalidade dentro da jurisprudência do STF, que se formou por uma reunião inicial de julgados, dos quais se destaca o **Agravo Regimental (Ag.R.) na Suspensão de Segurança (SS) nº 3.355/**

/RN[60]. O Estado do Rio Grande do Norte (RN) requereu à Corte a suspensão da Antecipação da Tutela Jurisdicional que deferiu o fornecimento de fármaco não incluído na lista da Agência Nacional de Vigilância Sanitária (Anvisa), cuja finalidade terapêutica é auxiliar no pós-operatório de cirurgia coronária de inclusão de *stents*, sob pena de lesão à ordem pública, à saúde, à economia e à segurança, com fulcro na Lei nº 4.348/1964, art. 4º.

A Ministra Ellen Greice, então Presidente do Supremo, indeferiu o pedido de suspensão, o que ensejou a interposição do Agravo Regimental ao Pleno do Tribunal. Esse segundo julgamento deu origem ao acórdão analisado, sob a relatoria do Ministro Gilmar Mendes. O novo relator fez uma longa, confusa e em certa medida desnecessária construção a respeito do direito à saúde, numa nítida transcrição da dogmática e da teoria jurídicas, algumas vezes sem conexão direta com a lide – quase um "copie e cole". No entanto, é possível encontrar argumentos políticos soltos, por vezes isolados do centro argumentativo do caso *sub judice*. Percebe-se que no voto do relator há uma tímida instrumentalização do acoplamento estrutural entre a política e o direito, porém nada potencializado, como descreveu a teoria dos sistemas.

O Ministro Celso de Mello, em seu voto, defendeu o papel político que o STF exerce nos seus julgamentos – fala em "dimensão política da Corte". O magistrado deixa, por outro lado, de fazer qualquer menção à argumentação política trazida pelo gestor público, como se não houvesse nada a respeito nos autos; chega até a legitimar a implementação de políticas públicas pelo Judiciário se comprovada a omissão estatal. A argumentação do voto é totalmente autorreferencial ao direito, sem qualquer cognição aberta às demais comunicações. O acoplamento não é realizado e o jogo comunicacional é centrado exclusivamente na argumentação jurídica.

O Ministro Eros Grau, em seu voto, não fez menção alguma à lide a ser julgada, tampouco aos fatos ou argumentos políticos. O magistrado se

[60] BRASIL. Supremo Tribunal Federal. *Ag.R. na Suspensão de Segurança nº 3.355/RN.* Tribunal Pleno. Relator Ministro Gilmar Mendes. Brasília, 15 março de 2010. Disponível em: <https://stf.jusbrasil.com.br/jurisprudencia/9087073/agreg-na-suspensao-de-seguranca-ss-3355--rn>. Acesso em: 20 fev.2017.

limita a elogiar o voto do relator e frisar que o poder é uno, indiviso, como expôs Hegel.

O Ministro Ayres Britto, em seu voto, elogia o voto do relator sobretudo quanto ao caráter contextual e empírico de cada caso julgado em direito à saúde destacado na argumentação. Também não há nenhuma menção aos argumentos políticos trazidos pela Administração Pública, ou a qualquer característica do processo julgado que venha a legitimar ou não o fornecimento do fármaco requerido.

Por fim, o Ministro Marco Aurélio concorda com o voto do relator e, igualmente, não faz qualquer menção à argumentação política.

2.5.3. Repercussão geral nos Recursos Extraordinários (RES) 566471 e 657718

No dia 28/09/2016, iniciou-se na Corte Suprema um julgamento importante sobre os limites da judicialização da saúde, identificado pela Repercussão Geral em razão do julgamento do Recurso Extraordinário nº 566471/RN – lide: obrigatoriedade, ou não, de o Estado fornecer medicamento de alto custo a portador de doença grave que não possui condições financeiras para comprá-lo[61] – e do Recurso Extraordinário nº 657718[62] – lide: possibilidade, ou não, de o Estado ser obrigado a fornecer medicamento não registrado na Anvisa –, a serem julgados em conjunto no mesmo procedimento de Repercussão Geral.

Os votos dos ministros Edson Fachin e Roberto Barroso, recheados de zelo mas carentes de objetividade e de clareza, propõem várias maneiras de julgar aquele caso concreto. A função do Supremo, porém, não é julgar o caso concreto, mas sim estabelecer parâmetros para outros juízes, a partir de uma observação de segunda ordem pelas premissas aqui adotadas.

Atualmente, existem milhões de processos em andamento no Brasil, que de algum modo tratam da saúde pública. Essa realidade faz surgir alguns importantes questionamentos, por exemplo: os critérios propostos

[61] Brasil. Supremo Tribunal Federal. *Recurso Extraordinário nº 566471/RN*. Relator Min. Marco Aurélio. Brasília, DF, 19 demarço de 2010. Disponível em: <http://www.stf.jus.br/portal/processo/verPro8cessoAndamento.asp?incidente=256507>. Acesso em: 31 ago. 2017.

[62] Brasil. Supremo Tribunal Federal. *Recurso Extraordinário nº 657718*. Relator Min. Marco Aurélio. Brasília, DF. Processo em andamento. Disponível em:<http://www.stf.jus.br/portal/processo/verProcessoAndamento.asp?incidente=4143144>. Acesso em: 31 ago 217.

pelos ministros mencionados linhas atrás no julgamento da Repercussão Geral ora explicitada seriam aptos a auxiliar os julgamentos dos milhões de processos em andamento? O nível de complexidade apresentado pelos ministros leva a crer que na rotina forense tais critérios confundirão mais do que propriamente ajudarão na sua resolução.[63] Há muito mais por trás desses julgamentos do que ter ou não direito ao medicamento pretendido.

Nota-se, assim, um confronto direto entre Judiciário e Executivo. Identifica-se uma cruzada contra os espaços de escolha política. A conhecida discricionariedade do gestor é algo que soa em sintonia com o interesse coletivo, portanto, ao administrador cabe o ônus da escolha. Priorizar é múnus do gestor. Isso, contudo, não existe mais em termos de saúde, ao menos essa é a semântica do Supremo – e não da Constituição Federal, vale registrar. Excluir, descriminar é ato aparentemente correto quando se olha para os arranjos políticos, a corrupção da política e a confusão entre o público e o privado. Todavia, ao assim julgar, esquecem-se de um pequeno e importante fato: o voto popular que se renova ou não a cada mandato.[64]

À pesquisa interessa a materialização do julgamento em curso nos votos, notadamente porque a matéria-prima ora estudada é a própria verbalização escrita proferida nos julgamentos. Trata-se de decisão crucial ao deslinde da pesquisa, que poderá gerar um novo material de observação científica. Contudo, o julgamento não foi levado adiante pelo Relator. Ao contrário disso, o Ministro Marco Aurélio tem se concentrado em deferir o ingresso de associações de doentes como terceiras interessadas, sem se preocupar com a demora excessiva ao deslinde da lide que poderia contribuir muito mais às referidas associações se julgasse a repercussão geral a fim de desenhar um novo contorno à judicialização da saúde.

[63] JORDÃO, 2017, p. 122-123.
[64] VARGAS, 2017, p. 131-133.

3. Condições Operativas do Supremo Tribunal Federal na Sociedade Complexa

3.1. Operação fechada e cognição aberta

O direito como sistema social (e não é diferente com a economia, a educação, a política etc.) precisa delimitar a sua comunicação para existir. Essa delimitação precisa ser feita por meio de distinções que se tornam referência para que seja observado ou descrito. Tal separação comunicacional, contudo, não pressupõe independência evolutiva. Ao contrário, para Luhmann, a separação fomenta o parasitismo recíproco: um sistema necessitará do outro para evoluir. A expressão parasita identifica crescimento devido à outra diferenciação que não a do próprio sistema.[65]

A operação fechada dos sistemas parciais materializa-se pela própria consistência teórica interna aos sistemas, identificada pela comunicação diferenciada, a qual, em última análise, resulta no código binário de cada subsistema. No sistema jurídico, o Estado de Direito concede a ideia de unidade jurídica. É a norma jurídica a dada distinção jurídica que se forma a cada operação do sistema. Trata-se da autonomia sistêmica. Eis a diferenciação do direito. Tipifica-se uma fórmula que descreve a si mesmo.[66] De outro lado, porém, a heterorreferência chega obrigatoriamente pela distinção do observador. Luhmann fala em interesse sistêmico pelos argumentos externos, em cujo desenrolar a pesquisa os tipifica como filtragem desses mesmos argumentos pelos ministros do STF, que na condição de observadores trazem ou não ao processo evolutivo os argumentos das partes.

[65] LUHMANN, 2016, p. 546, 565-571.

[66] LUHMANN, 2016, p. 565, 566, 570.

Em outro contexto, todavia, e pertinente ao raciocínio aqui defendido, Stuart Firestein, em seu livro denominado "Ignorance", afirma que a ignorância é o grande motivador das ciências e não o conhecimento, ao contrário do que normalmente se pensa. Ao constatar que não sabe – ou que o status atual do conhecimento não é suficiente – o pesquisador inicia o percurso para buscar o novo. O referido autor cita, a título de exemplo, o renascimento motivado pela constatação do homem de que os dogmas da Igreja não seriam capazes de explicar muitas coisas.

Com as devidas adequações, ao se transportar essa ideia para os julgados analisados, conclui-se que a Corte Suprema precisa reconhecer possíveis caminhos para, a partir deles, buscar novos elementos cognitivos – muitas vezes até vindos da política – capazes de auxiliar escrutínios de possíveis soluções diante dos desafios da judicialização da saúde.

Esse raciocínio, visto pelo prisma da política, denota que entre outras situações a coerção e o dinheiro – respectivamente vindos do direito e da economia – deram força social e capacidade de alocação de recursos. Sem ambos, a política pouca importância teria e, por isso, não estaria no atual estágio de desenvolvimento.

Luhmann afirma, categoricamente, que os sistemas político e jurídico não seriam o que são sem a irritação que o contato com o outro sistema provoca.[67] Nesta linha, a democratização do sistema político e a positivação do sistema jurídico só puderam acontecer pelo respectivo condicionamento. E isso não aconteceria sem um mecanismo de acoplamento entre os referidos sistemas.[68]

3.2. Poder Judiciário e diferenciação funcional

O Judiciário pode diferenciar-se internamente em formas impensáveis à periferia sistêmica. Numa delas, por exemplo, a estrutura hierárquica, tão comum na construção dos tribunais, trata-se muito mais de uma hierarquia de sentido do que propriamente de termo usado nos dicionários. O sentido da decisão outorgada pelos tribunais superiores tende, no decorrer do tempo, a prevalecer por vários motivos; dos quais, exemplificadamente, destacam-se: (i) o próprio mister de unificação da interpretação das leis outorgado a tais cortes julgadoras; (ii) os recursos interpostos aos

[67] LUHMANN, 2016, p. 569-571.
[68] LUHMANN, 2016, p. 588.

referidos tribunais podem vir a ser julgados com a força da sua posição sobre o tema; (iii) o STF tem a possibilidade de editar súmula vinculante que vincula não só os demais órgãos do Judiciário, mas também os demais órgãos públicos.[69]

A ideia de centro e de periferia é ligada à capacidade recursiva dos sistemas parciais. Descrever os tribunais como centro do sistema significa vê-los como ponto de reflexão da operação jurídica, o que, portanto, afasta a ideia de meros aplicadores do direito para, antes de tudo, identificar na sua operação a própria criação do direito, num ato de reflexão sobre o futuro, mesmo que durante a operação o passado esteja presente via procedimentos.

Luhmann percebeu a importância que os tribunais assumiram na sociedade – nesse sentido, no entanto, convém lembrar que a sua análise é descritiva de uma sociedade que procurou descrever e, por isso mesmo, não se trata de uma abordagem propositiva. Não propõe que assim seja, mas sim descreve como acredita ser.

Esse novo papel assumido pelo Judiciário dentro da obra do Luhmann aparece sobretudo na década de 1990, no livro "Das Recht der Geslls-chaft" – com traduções em espanhol, inglês, italiano e finalmente português – porque, antes disso, por exemplo, na década de 1970, em sociologia do direito, Luhmann descreve os juízes como sujeitos sem ideologia, ligados a critérios anteriores que já dispunham sobre o conteúdo da decisão que tomariam e pouco ou nada preocupados estão com a opinião ou com o clamor social. O autor também descreve um magistrado ligado rigidamente ao princípio da separação dos poderes, cujo sentido decisional é previsível e, por isso mesmo, torna-se possível confiar na previsibilidade das decisões. Cenário completamente diverso do atual.[70]

Atualmente, os tribunais, descritos como responsáveis pelo fechamento operativo do direito – e, por isso, também estão localizados no centro da operação sistêmica –, têm papel-chave, mas nem por isso o direito se sobrepõe em termos de importância a outros sistemas parciais. Cada sistema parcial cumpre a sua função sistêmica. O papel de cada um é igualmente importante na descrição sistêmica. Até por conta

[69] LUHMANN, 2016, p. 432.

[70] LUHMANN, Niklas. *Legitimation durch verfahren.* Frankfurt am Main: Suhrkamp, 1983, p. 208, 209.

disso, o direito, ao cumprir a sua função de manutenção das expectativas normativas, não pode romper a autopoiese dos demais subsistemas sociais. A comunicação jurídica não pode quebrar/interromper a autopoiese do sistema político, por exemplo, quando a sua operação comunicativa jurídica interfere de tal forma na comunicação política que chega a atrapalhar a autopoiesis, ou seja, a operação fechada sucumbe à operação externa.

A relação intrassistêmica é imprescindível para a resolução do problema aqui proposto. Com efeito, as decisões do direito vinculam a todos; entretanto, qual é o limite dessa obediência a ser prestada pelos demais sistemas sociais? Vale lembrar que todos os sistemas têm a sua própria diferenciação, numa seletividade que resulta na evolução social.[71]

Para Luhmann, a comunicação de cada sistema é a forma como se opera a sua independência funcional. A inversão dessa comunicação provoca o rompimento, a autoprodução sistêmica, no caso, pela reiteração: g/o, e assim sucessivamente. Essa desdiferenciação funcional da política pelo direito levaria à difusão sistêmica – em paráfrase a Gunther Teubner, em seu "Direito como Sistema Autopoiético".[72]

A inter-relação entre os sistemas não é tarefa fácil de se investigar, no entanto, há muito reclama análise sob o viés sistêmico. Isso porque, pelo viés sistêmico, os sistemas diferenciados são autônomos, não sendo possível a dominação de um pelo outro.[73]

O levantamento documental realizado, em especial as decisões judiciais, trouxe à tona duas questões que passam a ser o centro do debate aqui proposto. A primeira diz respeito a não abertura cognitiva do STF à comunicação política. A segunda alude ao fato de o sistema jurídico não poder exigir demanda que rompa com o sistema político. O primado da diferença funcional garante a estrutura social da sociedade descrita por Luhmann, na qual não há superioridade de um sistema em relação a outro, pois cada um tem funções específicas a cumprir.

[71] LUHMANN, 2016, p. 80.

[72] TEUBNER, Gunther. *Il diritto come sistema autopoietico*. A cura di Alberto Febbrajo e Carlo Pennisi. Milano: Giuffrè Editore, 1996.

[73] LUHMANN, 2016, p. 69.

A ideia consiste em levar uma situação de alta complexidade a uma drástica redução de complexidade social quando não há cognição aberta nas operações do sistema jurídico. Essa diferenciação funcional – resultado da autopoiese comunicacional dos sistemas – é também a garantia, ao menos em tese, da autonomia de cada sistema e, com isso, do não predomínio de um sistema em desfavor de outro. Não há hierarquia; os sistemas exercem, cada um, a sua função diferenciada, de forma independente e de modo a cumprir a sua função social. O risco da desdiferenciação do sistema político é iminente, seja pelo risco econômico, seja pelo desvio em relação ao funcionamento dos sistemas.[74]

Como mencionado anteriormente, a diferenciação interna dos sistemas é necessária para o sistema evoluir. À luz dessa assertiva, pergunta-se: como os tribunais contribuem para o processo interno de diferenciação do direito? Uma das principais formas é a interpretação das leis, isto é, o processo interpretativo que é forjado nas decisões e faz parte da diferenciação comunicacional do sistema. Nessa linha, até mesmo a dimensão do apego à lei é parte desse processo de interpretação. E se as decisões não forem satisfatórias, será preciso dimensionar o papel que cabe ao legislador nesse processo, com o mote de estender ou não a dimensão da interpretação.[75]

Luhmann frisa a natureza circular que a cada dia é entendida como uma das possíveis formas de descrever a relação travada entre a legislação e a jurisprudência, dentro da operação de busca de sentido do direito. Forma-se, assim, uma circularidade interna, reflexiva, de escolha de formas em torno do sentido do direito. Não obstante, o juiz ainda parte da lei, em respeito à própria lei, fruto de um jogo democrático no qual o descumprimento romperia a legitimidade da decisão. No entanto, afirma Luhmann, em alguns casos, em termos práticos, as decisões judiciais são mais importantes do que as leis.[76]

Os acoplamentos estruturais permitiriam, porém, a mistura dos argumentos, os quais fariam parte do processo de seletividade interna aos dois sistemas acoplados.

[74] CAMPILONGO, Celso Fernandes. *Interpretação do direito e movimentos sociais.* Rio de Janeiro: Elsevier, 2012. p. 52.

[75] LUHMANN, 2016, p. 397.

[76] LUHMANN, 2016, p. 407, 408.

3.3. Integração social e intepretação dos tribunais

Os níveis elevados de exclusão social do sistema de saúde pública brasileiro serviram também como motivador da quantidade superlativa de ações judiciais invocando justamente o direito à saúde como garantia constitucional. Judicializar a saúde também é solicitar – sistemicamente e por meio de comunicação jurídica vinculante – a inclusão no próprio sistema da saúde. Nesse sentido, a judicialização pode ser descrita como reação aos altos índices de exclusão. A exclusão gera inclusão, porém, o inverso também procede: inclusão provoca exclusão. Na proporção que se incluem os excluídos da saúde pública, irrita-se o sistema político, forçando-o a produzir comunicação interna para atender à demanda provocada pelo direito.

Essa operação sistêmica provoca necessariamente reajustes estruturais e financeiros dentro da sociedade. Aliás, a constante integração social limita a própria dinâmica dos sistemas. Quando um sistema emite comunicação, acaba influenciando diretamente – ou indiretamente – os demais sistemas que fazem parte da sociedade. Tal influência é inevitável. Problema surge, no entanto, quando o nível de irritação é tão grande que exige dos sistemas afetados um aumento de complexidade das suas operações. Dessa forma, acontecimentos particulares podem ser identificados em vários sistemas. Esse completo mecanismo integrador é relevante para compreender as irritações provocadas pela judicialização da saúde na política.

A interpretação travada internamente no sistema jurídico é influenciada em razão do ambiente formado dentro do próprio sistema pelo conjunto das comunicações. Ocorre, todavia, que a brusca redução da complexidade acaba impedindo a heterorreferência.[77] Há, nos litígios, casos nítidos de tentativa de buscar suprimir o déficit político. Isso fica evidente na elevada proporção de ações judiciais e na extensão dos pedidos. A saúde, quando levada a juízo, potencializa a reflexividade do sistema jurídico, motivando a teoria do direito a sair da rotina para tentar – rotineiramente sem sucesso – a repensar até onde pode ir o juiz.[78]

A busca por igualdade deveria ser a luta travada por aqueles que buscam a preservação da saúde. As decisões acabam incluindo o autor da ação

[77] Campilongo, 2012, p. 92.
[78] Campilongo, 2012, p. 94.

no sistema de saúde mediante a prestação de um serviço ou concessão de medicamento. Todavia, essa inclusão (como previu Luhmann) leva à exclusão de outros sistemas que serão afetados pela realocação de verbas. Essa redistribuição da saúde alimenta uma busca pelo desequilíbrio.

A escassez de um bem é proporcional ao seu acesso. Mais acesso, mais escassez. Mais saúde leva a menos saúde. Deste modo, o mais leva ao menos. Escassez apresenta-se como paradoxo. Como garantir mais direitos com escassez de recursos? A construção histórica dos direitos sociais é repleta de ações afirmativas que em determinado momento pretenderam garantir mais efetividade aos direitos. Chegou-se, no entanto, à era da escassez. A economia mundial oscila e a brasileira entrou em recessão. O paradoxo do mais com menos é usual em políticas públicas. O não retrocesso à transformação do direito à saúde significa a capacidade de dar mais com menos. Trata-se de um paradoxo. É verdade, todavia, que o direito (doutrina, jurisprudência e normas abertas, notadamente, em nível constitucional) não tem entendido a essência desse novo paradoxo. Ao contrário disso, continuamos a acreditar na supremacia da força do sistema jurídico sobre os demais sistemas. Na dogmática, encontramos a ideia de não retrocesso como palavra de ordem. A ideia é que se cria dinheiro por meio de decisões judiciais. Os recursos econômicos, assim, seriam infinitos. O direito, não se pode olvidar, não produz dinheiro. O dinheiro é produzido pela economia.[79]

Os recursos econômicos não estão mais ligados às decisões familiares, decisões isoladas de poderes estatais. Da modernidade em diante, fala-se de diferenciação funcional, que leva à autonomia sistêmica e isso implica que o direito precisa lidar com a escassez econômica. Não há, por isso mesmo, condição alguma de o direito simplesmente não lidar com os paradoxos da economia. É necessário decidir com base em tais paradoxos. As escolhas que fundamentarão as decisões nos sistemas parciais precisam ser feitas a partir da sua comunicação interna, entretanto, nunca sem conhecer as informações recebidas do ambiente. Desta forma, não observar a distributividade dos recursos é travar uma luta inglória contra a realidade, supervalorizando a autonomia funcional do direito.[80]

[79] Correia, 2014, p. 67, 68.
[80] Correia, 2014, p. 68, 71-73, 78.

Os sistemas parciais travam em si uma relação assimétrica, não hierárquica. Há ao mesmo tempo autonomia e restrição mútua. Contudo, todos os sistemas parciais precisam levar em conta a realidade social nas suas decisões. A positivação da saúde torna-se programa para a economia. Quando tudo isso é submetido ao direito, cabe-lhe o ônus da decisão. Por meio de decisão, caberá ao direito enfrentar a escassez. O direito sempre decidirá para emitir comunicações contrafáticas, e o fará sob a binariedade, em operação fechada, mas com a cognição aberta ao ambiente. A jurisprudência anterior à concessiva da intervenção judicial pelo fornecimento de fármacos etc., manifestava-se pela não concessão de remédios e de tratamentos sob o fundamento de que o deferimento da tutela pretendida revelava desrespeito à separação dos poderes. No entanto, o ambiente não aceitou essa decisão e, reiteradamente – com os mesmos e com novos argumentos –, irritou o sistema jurídico, motivando-o à nova decisão, até que o sentido das decisões se alterasse para deferir os pleitos de proteção à saúde.[81]

Por outra perspectiva, as decisões da Corte também influenciam os demais sistemas sociais, propriamente num processo de integração. Como influência negativa, denota-se nas decisões um completo desprestígio à Anvisa, traduzido na reiteração de decisões que determinam que o Estado ofereça medicamentos não autorizados pela referida agência de regulação. Em exemplo recente, o Congresso Nacional aprovou e o presidente interino, Rodrigo Maia, sancionou lei que vai de encontro a decisões da ANVISA, que atestavam risco à saúde de novos inibidores de apetite, ao simplesmente autorizar a sua comercialização no país. Trata-se de fármacos que têm sua eficácia questionada em países europeus e também nos EUA. Em razão do lobby da indústria farmacêutica e, sobretudo, da recepção que nossos parlamentares oferecem às tentações do mercado legislativo, esses fármacos em breve poderão ser vendidos no Brasil.

Na linha do que fez o Supremo Tribunal, o sistema político desqualificou completamente a agência de saúde encarregada justamente de tomar decisões técnicas em temas que pelo direito vigente não poderiam ser promovidas sob o viés político. Poder-se-ia afirmar que para o parlamento tudo é possível em termos de leis e, nessa mesma linha, igualmente,

[81] Correia, 2014, p. 80, 102, 103.

poder-se-ia refletir se eventual possibilidade de fazê-lo significa obrigatoriamente conveniência nessa medida. De outro modo, se pelos termos da ordem constitucional vigente saúde é bem inviolável, indisponível (como reiteradamente decidiu o STF), portanto, é inconstitucional lei que regulamente a comercialização de medicamentos reconhecidos pelas autoridades sanitárias como perigosos para a saúde.

4. Da Cegueira Comunicacional do Supremo Tribunal Federal no Direito à Saúde

4.1. A (des) legitimidade dos argumentos financeiros nas decisões analisadas

O **Recurso Extraordinário nº 368.564-DF** representa um conjunto de decisões que simplesmente exclui do processo de seletividade decisional os argumentos políticos de ordem financeira (reserva do possível, escassez de recurso), ou pior, além de não considerá-los como argumentos, trata-os ainda de forma esdrúxula, desqualificando-os por meio de ironias e provocações. Expressões como "a viúva não ficará mais pobre" e "como cidadão me indigno com a falta de recurso" não são isoladas; ao contrário, identificam-se com um desprestígio moral do sistema político que se completa com o "ar de superioridade" assumido pelo sistema jurídico como se fosse a reserva moral da sociedade.

À pesquisa, ademais, interessa saber se tais argumentos econômicos trazidos pelo sistema político são realmente insignificantes em face do direito público subjetivo à saúde, tão duramente defendido pelo Ministro Celso de Mello em seus acórdãos, a ponto de não prejudicar a própria política pública de saúde de um modo geral. Sobretudo por isso, indaga-se: quais são os gastos com a judicialização da saúde no Brasil?

4.1.1. Irritação econômica na política provocada por decisões judiciais

A elevada quantidade de decisões judiciais determinando a concessão de medicamentos ou tratamentos médicos tem preocupado os gestores públicos, que além de serem obrigados a atender as referidas determinações também se veem compelidos a reorganizar o sistema de saúde, a fim de realocar valores e estruturas utilizados em favor dos beneficiários das ordens judiciais.

A análise detalhada dos valores gastos em resposta à judicialização da saúde faz o nível de preocupação saltar de "alarmante" para o patamar de "insustentável a longo prazo", conforme se conclui dos dados à frente descritos.

4.1.1.1. Estado de São Paulo

Na cidade de São Paulo há uma fila de 500.000 pessoas esperando a vez de realizar exames na rede municipal de saúde. Um completo absurdo. Há 500.000 solicitações de exames a serem atendidas. Procedimentos simples como tomografia e ultrassom podem levar anos para ser realizados, como aconteceu com a aposentada Joana Rocha Felipe e com José Benedito Aguiar. Aparentemente, trata-se de falta de verbas; realmente falta dinheiro, mas também sobra descaso generalizado de autoridades e servidores. Problemas surgem aos montes em razão da falta de organização, do excesso de burocratização e até mesmo da má vontade de servidores públicos que se tornaram insensíveis à dor humana, aproveitando-se da fragilidade dos doentes para ratificar o seu descaso.[82]

Em 2010, o Estado de São Paulo gastou R$ 700.000.000,00 (setecentos milhões de reais) para cumprir ordens judiciais.[83] São inúmeras as situações de ativismo judicial que preocupam pelo seu potencial nocivo ao sistema de saúde. Cita-se, por exemplo, uma ordem do Judiciário para fornecimento de um remédio que anualmente custa em torno de R$ 800.000,00 (oitocentos mil reais), a fim de dar qualidade de vida a um doente acometido por moléstia incurável. O fato motivou uma matéria na Revista Época.[84]

[82] Colluci, 2016, p. B3.

[83] Brasil. Advocacia Geral da União. Consultoria Jurídica/Ministério da Saúde. *Intervenção judicial na saúde pública.* Panorama no âmbito da Justiça Federal e apontamentos na seara das Justiças Estaduais. [s.d.] Disponível em: <http://portalsaude.saude.gov.br/portalsaude/arquivos/pdf/2013/Jun/14/Panoramadajudicializacao_2012_modificadoemjunhode2013.pdf>. Acesso em: 18 out. 2013.

[84] Segatto, Cristiane. O paciente de R$ 800 mil. 16 mar. 2012. Disponível em: <http://revistaepoca.globo.com/tempo/noticia/2012/03/o-paciente-de-r-800-mil.html>. Acesso em: 18 out. 2013.

A judicialização da saúde no Estado de São Paulo também demonstra irracionalidade pela sua desnecessidade em inúmeras situações. Há muitos casos que até falta interesse de agir – condição intrínseca à ação. A cada quatro medicamentos outorgados pelas decisões judiciais ao menos um (1) já está sendo fornecido pelo SUS.

Em estudo realizado, a Secretaria de Saúde Pública do Estado de São Paulo constatou que na temática saúde, de 2010 a junho de 2016, foram propostas 77.000 ações em face deste estado. Os dados dos últimos cinco anos são assustadores (2010 a 2015): os gastos oriundos de novas demandas judiciais saltaram de R$ 9.385,00 (nove mil, trezentos e oitenta e cinco reais) para R$ 18.045,00 (dezoito mil e quarenta e cinco reais).[85]

As novas ações já impactam negativamente o apertado orçamento público. Em 2015, por exemplo, o Estado de São Paulo gastou R$ 1.200.000.000,00 (um bilhão e duzentos milhões de reais) para cumprir 51.000 processos. O montante é mais do que o dobro do gasto atualmente incorrido para atender 700.000 pessoas num programa especial para medicamentos de alto custo do referido estado federado.

O alargamento do conceito de "direito à saúde" é outro responsável pelas discrepâncias encontradas no sistema. O Judiciário bandeirante, na mesma linha do STF – vale o registro –, tem concedido cremes para varizes, água mineral com ou sem gás, suco de cramberry etc.[86]

4.1.1.2. União

A União teve – e continua em escala maior – um aumento insustentável nos seus gastos para cumprir ordens judiciais em matéria de saúde. É possível apurar essa discrepância em mais de um referencial. Por exemplo, a comparação dos números fornecidos pela AGU relativos aos gastos de 2005 a 2012 com fornecimento de medicamentos e com os auxílios prestados (também por ordem judicial) a estados e municípios em suas respectivas competências legais permite constatar um aumento significativo dos medicamentos adquiridos em razão de ações judiciais. Enquanto, em 2005, gastou-se a cifra de R$ 2.441.041,95 (dois milhões, quatrocentos e quarenta e um mil, quarenta e um reais e noventa e cinco centavos), no

[85] PINHO, Angela. 1 em 4 remédios ofertados por decisão da Justiça já está no SUS. *Jornal Folha de São Paulo*, São Paulo, 24 set. 2016, p. B1, B3, B4.

[86] PINHO, 2016, p. B1, B3, B4.

ano de 2012 a compra de medicamentos resultou em gastos da ordem de R$ 287.844.968,16 (duzentos e oitenta e sete milhões, oitocentos e quarenta e quatro mil, novecentos e sessenta e oito reais e dezesseis centavos), conforme se pode visualizar no Gráfico 1, seguinte.

GRÁFICO 1 – Evolução dos gastos da União com a compra de medicamentos em cumprimento a ordens judiciais (2005 a 2012)

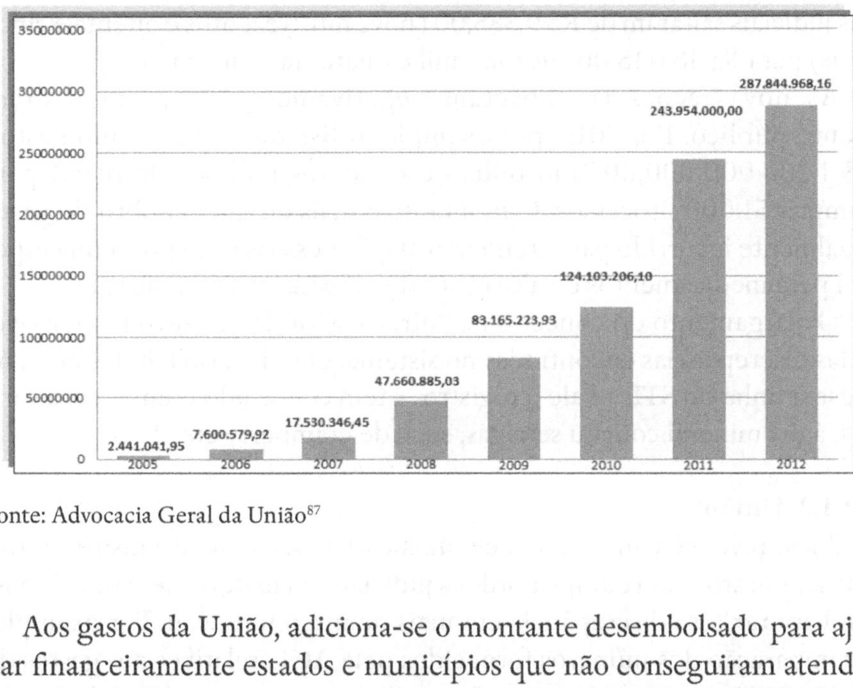

Fonte: Advocacia Geral da União[87]

Aos gastos da União, adiciona-se o montante desembolsado para ajudar financeiramente estados e municípios que não conseguiram atender às ordens judiciais, restando, por isso – e sobretudo pelo predomínio do entendimento jurisprudencial que reconhece a solidariedade entre os entes públicos –, o dever da União de arcar com tais valores.

[87] BRASIL. Advocacia Geral da União. Consultoria Jurídica/Ministério da Saúde. *Intervenção judicial na saúde pública*. Panorama no âmbito da Justiça Federal e apontamentos na seara das Justiças Estaduais. [s.d.] Disponível em: <http://portalsaude.saude.gov.br/portalsaude/arquivos/pdf/2013/Jun/14/Panoramadajudicializacao_2012_modificadoemjunhode2013.pdf>. Acesso em: 18 out. 2013.

Utilizando o mesmo referencial acima, constata-se que o valor gasto no ano de 2005, de R$ 116.504,54 (cento e dezesseis mil, quinhentos e quatro reais e cinquenta e quatro centavos), em 2012 pulou para R$ 68.002.152,43 (sessenta e oito milhões, dois mil, cento e cinquenta e dois reais e quarenta e três centavos).

O Gráfico 2, a seguir, permite observar a evolução dos gastos da União para socorrer estados e municípios nesse sentido.

Gráfico 2 – Evolução dos gastos da União para auxiliar estados e municípios (2005 a 2012)

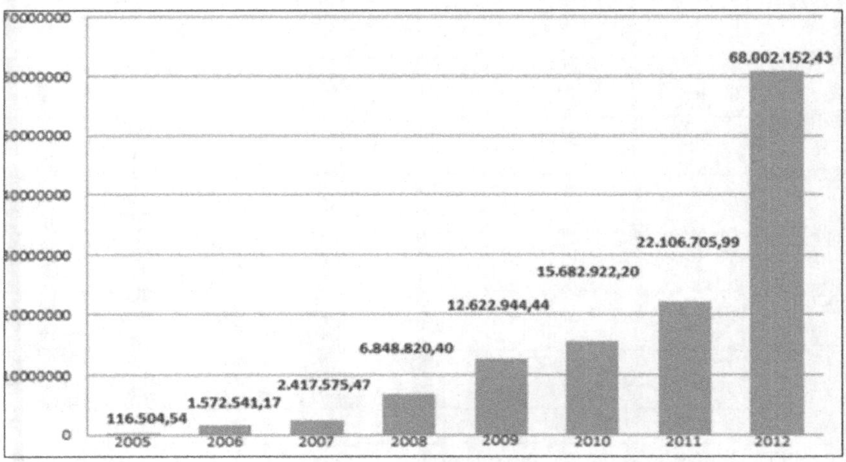

Fonte: Advocacia Geral da União[88]

Por fim, aos valores mencionados ainda se acrescenta o utilizado para depósitos judiciais com escopo de oferecer instrumento econômico para o autor da demanda judicial adquirir, segundo seu próprio pedido processual, o medicamento direto do fornecedor.

[88] Brasil. Advocacia Geral da União. Consultoria Jurídica/Ministério da Saúde. *Intervenção judicial na saúde pública*. Panorama no âmbito da Justiça Federal e apontamentos na seara das Justiças Estaduais. [s.d.] Disponível em: <http://portalsaude.saude.gov.br/portalsaude/arquivos/pdf/2013/Jun/14/Panoramadajudicializacao_2012_modificadoemjunhode2013.pdf>. Acesso em: 18 out. 2013.

Nessa condição, no ano de 2012, a União gastou com depósitos judiciais e com compras de remédios mais de R$ 350.000.000,00 (trezentos e cinquenta milhões de reais), enquanto em 2005 o gasto foi de R$ 2.557.546,49 (dois milhões, quinhentos e cinquenta e sete mil, quinhentos e quarenta e seis reais e quarenta e nove centavos). Esses dados podem ser visualizados no gráfico seguinte.

Gráfico 3 – Evolução dos gastos da União para cumprimento de ordens judiciais (2005 a 2012)

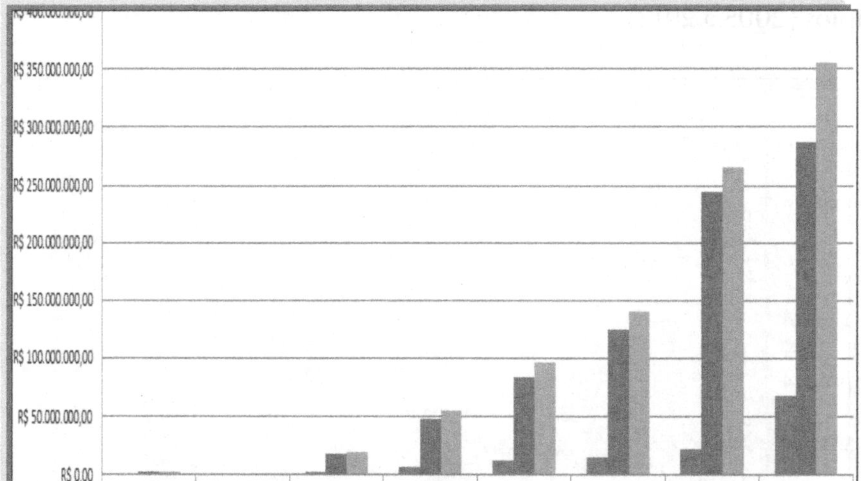

	2005	2006	2007	2008	2009	2010	2011	2012
DEPÓSITO	R$ 116.504,54	R$ 1.572,17	R$ 2.417.575,47	R$ 6.848.820,40	R$ 12.622.944,44	R$ 15.682.922,20	R$ 22.106.705,99	R$ 68.002.152,43
COMPRA	R$ 2.441.041,95	R$ 760.579,92	R$ 17.530.346,45	R$ 47.660.885,03	R$ 83.165.223,93	R$ 124.103.206,10	R$ 243.954.000,00	R$ 287.823.182,50
TOTAL	R$ 2.557.546,49	R$ 762.152,09	R$ 19.947.921,92	R$ 54.509.705,43	R$ 95.788.168,37	R$ 139.786.128,30	R$ 266.060.705,99	R$ 355.825.334,93

Fonte: Advocacia Geral da União[89]

A evolução dos gastos públicos para dar conta da judicialização da saúde é elevadíssima, conforme se depreende do Gráfico 3 apresentado.

[89] Brasil. Advocacia Geral da União. Consultoria Jurídica/Ministério da Saúde. *Intervenção judicial na saúde pública.* Panorama no âmbito da Justiça Federal e apontamentos na seara das Justiças Estaduais. [s.d.] Disponível em: <http://portalsaude.saude.gov.br/portalsaude/arquivos/pdf/2013/Jun/14/Panoramadajudicializacao_2012_modificadoemjunhode2013.pdf>. Acesso em: 18 out. 2013.

A propósito, vale questionar se não é preocupante a evolução dos gastos com a judicialização da saúde no Brasil. Os números mais atuais acenam positivamente. Basta ampliar a observação dos valores para o ano de 2015, que se encontrará o montante de R$1.013.331.821,30 (um bilhão, treze milhões, trezentos e trinta e um mil, oitocentos e vinte e um reais e trinta centavos).

De fato, os gastos com ordens judiciais assustam. Se, no entanto, apresentarmos comparativamente os dispêndios a partir de 2006, cujo valor utilizado para atender a tais ordens judiciais girava em torno de R$7.600.579,92 (sete milhões, seiscentos mil, quinhentos e setenta e nove reais e noventa e dois centavos), os números da judicialização são alarmantes. Nota-se, portanto, que em dez anos de judicialização da saúde os gastos anuais só aumentaram. É o que demonstra o gráfico a seguir.

Gráfico 4 – Evolução dos valores gastos pelo Estado brasileiro para cumprimentos de demandas judiciais (2006-2015)

Fonte: CDJU[90]

[90] Brasil. Ministério da Saúde. Cálculo Codejur/Conjur a partir de dados da Coordenação de Compras por Determinação Judicial (CDJU).

Os quadros apresentados na sequência mostram os valores relativos aos depósitos judiciais realizados em razão de condenação judicial, no período de 2006 a 2015.

QUADRO 1 – Depósitos judiciais realizados para atendimento de demandas judiciais (2006-2015)

ANO	QUANTIDADE DE DEPÓSITOS	VALOR TOTAL
2006	83	R$ 1.572.541,17
2007	246	R$ 2.417.323,47
2008	459	R$ 5.858.820,40
2009	806	R$ 12.831.305,62
2010	1.182	R$ 15.543.767,85
2011	1.414	R$ 22.143.804,90
2012	1.474	R$ 62.673.780,40
2013	726	R$ 113.603.645,17
2014	908	R$ 139.597.127,56
2015	5.387	R$ 141.972.778,70
VALOR TOTAL:		R$ 518.214.895,24

Fonte: CGEOF/FNS[91]

4.1.2. A irracionalidade econômica da judicialização da saúde

A judicialização atrapalha qualquer tentativa de planejamento de iniciativa dos agentes do sistema de saúde pública, a exemplo do pequeno município de Buritama (SP), em que mais da metade do orçamento anual da saúde está comprometido com o atendimento de ações judiciais, tendo inclusive 16% de todo o seu orçamento comprometido por uma ação judicial apenas.[92]

Octávio Ferraz e Fabíola Vieira construíram um interessante raciocínio a respeito do desequilíbrio que as escolhas tomadas pelo Judiciário

[91] Cálculo CODEJUR a partir dos dados CGEOF/FNS. BRASIL. Ministério da Saúde.

[92] WANG, Daniel Wei L. *et al.* Os impactos da judicialização da saúde no município de São Paulo: gasto público e organização federativa. *Revista de Administração Pública,* Rio de Janeiro, Fundação Getúlio Vargas, p. 1191-1206, set./out. 2014.

provocam na saúde pública, mediante decisões judiciais em favor do fornecimento de quatro medicamentos específicos (Interferon peguilhado, Infliximabe, Etanercepte e Adalimumabe), indicados para combater duas doenças crônicas (Hepatite viral e Artrite reumatoide) que atingem 1% da população. Nessa linha, se o SUS resolvesse oferecer esses remédios para o mesmo percentual (1%) dos cidadãos que têm idêntico direito da minoria que entrou com ação judicial, gastaria mais que **todo** o orçamento do SUS, incluídos os gastos com remédios, estrutura e serviços.[93]

Os gastos impostos à União por ordens judiciais, referidos nos quadros apresentados na seção 4.1.1.2, além de elevados, revelam grande irracionalidade na distribuição dos medicamentos, uma vez que as demandas de 523 jurisdicionados resultaram em um desembolso da União da ordem de R$ 278.904.639,71 (duzentos e setenta e oito milhões, novecentos e quatro mil, seiscentos e trinta e nove reais e setenta e um centavos). A esse pequeno grupo o Judiciário outorgou 18 novas tecnologias, conforme demonstra o Quadro 2, a seguir:

QUADRO 2 – Nome e custo dos medicamentos mais concedidos judicialmente, em desfavor da União

MEDICAMENTO	CUSTO TOTAL
BRENTUXIMABE VEDOTINA 50 MG	R$ 309.515,87
ERLOTINIBE 150MG-COMPRIMIDO	R$ 320.601,60
MALEATO DE SUNITINIBE 50MG-CÁPSULA	R$ 358.954,28
TEMOZOLOMIDA 100MG-CÁPSULAS	R$ 455.033,60
ALFA-1 ANTITRIPSINA – SOLUÇÃO ENDOVENOSA	R$ 721.802,90
PEGVISOMANTO 10MG – SOLUÇÃO INJETÁVEL	R$ 881.650,99
RITUXIMABE 500MG/50ML – INJETÁVEL	R$ 1.108.400,70
TOSILATO DE SORAFENIBE 200MG – COMPRIMIDO	R$ 1.325.511,60

[93] FERRAZ, Octávio Luiz Motta; VIEIRA, Fabiola Sulpino. *Direito à saúde, recursos escassos e eqüidade*: os riscos da interpretação judicial dominante. p. 1-34.
Disponível em: <file:///C:/Users/Fernando/Desktop/POS-DOC/POS-DOC%20FADUSP/Artigos%20Meus/gv.%20sAÚDE%20E%20STF/Fabiola%20e%20Octávio.pdf>. Acesso em: 26 fev. 2016.

MIGLUSTATE 100MG	R$ 1.769.571,00
LARONIDASE 100U/ML - SOLUÇÃO PARA PERFUSÃO	R$ 10.597.226,21
ALFALGLICOSIDASE - SOLUÇÃO INJETÁVEL	R$ 12.235.633,54
ECULIZUMABE 300MG - SOLUÇÃO PARA PERFUSÃO	R$ 20.871.355,30
TRASTUZUMABE 440MG - SOLUÇÃO INJETÁVEL	R$ 22.517.685,85
BETAGALSIDASE 35MG - SOLUÇÃO PARA PERFUSÃO	R$ 26.387.905,15
ALFAGALSIDASE 3,5MG - SOLUÇÃO PARA PERFUSÃO	R$ 40.676.764,09
GALSULFASE 5MG/5ML - INJETÁVEL	R$ 63.944.457,63
IDURSULFASE 2MG/ML - SOLUÇÃO INJETÁVEL	R$ 73.713.668,80
TOTAL	R$ 278.904.639,71

Fonte: Advocacia Geral da União[94]

Informações do Ministério da Saúde demonstram que, no período de 2010 a 2015, houve um salto nos gastos públicos para cumprimento de ordens judiciais em matéria de saúde – de R$122.600.000,00 (cento e vinte e dois milhões e seiscentos mil reais) para 1.000.100.000,00 (um bilhão e cem mil de reais), totalizando um acréscimo percentual da ordem de 797%.[95]

Paralelamente à judicialização, em 2015 o Brasil teve uma queda no seu Produto Interno Bruto (PIB) de 3,8%.[96] Foi o pior índice desde 1990, ou seja, a escassez de recursos já é uma realidade.

Diante desses números, pode-se afirmar que é no mínimo incoerente o Judiciário apresentar-se como poder escolhido para ungir uma parte da população para receber uma saúde de nível superior aos países de primeiro mundo, enquanto os cidadãos que procuram o serviço público – a maioria – encontra um sistema de péssima qualidade.

94 Brasil. Advocacia Geral da União. Consultoria Jurídica/Ministério da Saúde. *Intervenção judicial na saúde pública.* Panorama no âmbito da Justiça Federal e apontamentos na seara das Justiças Estaduais. [s.d.] Disponível em: <http://portalsaude.saude.gov.br/portalsaude/arquivos/pdf/2013/Jun/14/Panoramadajudicializacao_2012_modificadoemjunhode2013.pdf>. Acesso em: 18 out. 2013.

95 Collucci, 2016.

96 Villas Bôas, Bruno; Patu, Gustavo. PIB do Brasil cai 3,8 em 2016, o pior resultado desde 1996. *Jornal Folha de São Paulo.* 03.03.16. Disponível em: <http://www1.folha.uol.com.br/mercado/2016/03/1745810-pib-cai-38-em-2015-o-pior-resultado-desde-1996.shtml>. Acesso em: 3 maio 2016.

A constante integração social limita a dinâmica dos sistemas: quando um sistema emite comunicação, acaba influenciando diretamente – ou indiretamente – os demais sistemas que fazem parte da sociedade. Tal influência é inevitável. Problema, no entanto, surge quando o nível de irritação é tão grande que exige dos sistemas afetados um aumento da complexidade de suas operações. Determinados acontecimentos podem ser identificados em vários sistemas na forma de irritações. Este complexo mecanismo integrador é relevante para compreender as irritações provocadas pela judicialização da saúde na política e, ainda, para justificar o porquê de as decisões judiciais implicarem, ao mesmo tempo, a inclusão do autor da ação no sistema de saúde mediante a prestação de um serviço ou medicamento e a exclusão (como previu Luhmann) de outros indivíduos que serão afetados pela realocação de verbas. Essa redistribuição da saúde evidentemente alimenta um desequilíbrio.

Quadro 3 – Quantidade de pacientes atendidos pelo fornecimento judicial de medicamentos mais custosos (ano-base 2015)

Medicamento	Quantidade de pacientes	Gasto total com aquisição do medicamento	Gasto por paciente
1) SOLIRIS (eculizumabe)	281	R$ 369.963.304,00	R$ 1.316.595,38
2) ELAPRASE (idursulfase)	132	R$ 84.252.421,17	R$ 638.275,91
3) FABRAZYME (betagalsidase)	115	R$ 46.651.215,22	R$ 405.661,74
4) ALDURAZYME (laronidase)	53	R$ 16.617.078,12	R$ 313.529,77
5) MYOZYME (alfaglicosidase)	38	R$ 20.111.036,75	R$ 529.237,80
6) NAGLAZYME (galsulfase)	155	R$ 167.178.583,82	R$ 1.078.571,50
7) REPLAGAL (alfagalsidase)	288	R$ 69.212.543,91	R$ 240.321,33
8) JUXTAPID (lomitapida)	59	R$ 49.986.341,44	R$ 847.226,12
9) VIMIZIM (elosulfase)	53	R$ 70.635.232,53	R$ 1.332.740,23
TOTAL	**1.174**	**R$ 894.607.756,96**	

Fonte: CDJU[97]

[97] Brasil. Ministério da Saúde. Cálculos Codejur a partir de dados CDJU.

Segundo dados da Coordenação de Compras do Ministério da Saúde, foram gastos mais de 450 milhões de reais no ano de 2015 apenas para atender às demandas judiciais dos medicamentos que não possuem registro na Anvisa. Quase metade dos gastos realizados para tal fim é destinada à compra/fornecimento de medicamentos que ainda não tiveram a sua segurança avaliada.

Quadro 4 – Lista dos mais pedidos: fornecimento de medicamentos sem registro na Anvisa

Medicamento	Valores gastos
1) SOLIRIS – Eculizumabe 10 mg/ml	R$ 369.963.304,00
2) JUXTAPID – Lomitapida 10 mg	R$ 41.420.509,51
3) TRANSLARNA – Atalureno 250 mg	R$ 18.049.541,95
4) JUXTAPID – Lomitapida 5 mg	R$ 8.565.831,93
5) TRANSLARNA – Atalureno 1000 mg	R$ 4.748.643,28
6) VYNDAQEL – Tafamidis 20 mg	R$ 4.151.560,94
7) CYSTAGON – Mercaptamina, Sal Bitartarato, 75 mg	R$ 3.403.005,95
8) KYNAMRO – Mipomersen Sódico 200 mg/ml	R$ 2.970.638,36
9) HARVONI – Sofosbuvir, associado ao Ledipasvir 400 mg + 90 mg	R$ 1.441.608,84
10) REVLIMID – Lenalidomida 35 mg	R$ 1.083.974,62
11) ORFADIN – Nitisinoma 10 mg	R$ 957.135,43
TOTAL:	**R$ 456.755.754,81**

Fonte: CDJU[98]

4.1.3. A evolução da judicialização da saúde

O quadro seguinte permite visualizar a evolução do número de ações oriundas de cada estado da federação.

[98] Brasil. Ministério da Saúde. Cálculos do Codejur a partir de dados CDJU.

QUADRO 5 – Evolução do número de processos de compra de insumos/medicamentos no âmbito da CJDU, por estado da federação (2009-2015)

Estado	2009	2010	2011	2012	2013	2014	2015	Total nos últimos 6 anos
Acre	1	1	3	7	8	10	13	43
Alagoas	16	42	65	86	156	235	320	920
Amapá	0	0	2	4	4	8	14	32
Amazonas	25	30	36	38	40	48	56	273
Bahia	100	129	197	259	347	473	550	2.055
Ceará	111	127	177	204	318	545	697	2.179
Distrito Federal	52	59	91	103	125	157	185	772
Espírito Santo	32	34	39	41	48	57	65	316
Goiás	123	139	162	182	218	257	299	1.380
Maranhão	18	33	53	62	76	92	107	441
Mato Grosso	9	12	18	21	30	47	67	204
Mato Grosso do Sul	172	305	461	493	528	550	568	3.077
Minas Gerais	541	678	1.041	1.292	1.669	2.157	2.596	9.974
Pará	18	27	37	50	72	82	94	380
Paraíba	30	36	50	65	74	96	94	445
Paraná	383	460	540	611	695	809	923	4.421
Pernambuco	54	78	112	135	164	207	242	992
Piauí	83	115	142	158	171	181	197	1.047
Rio de Janeiro	654	887	1.183	1.384	1.654	2.033	2.354	10.149
Rio Grande do Norte	132	171	226	275	377	508	710	2.399

Rio Grande do Sul	552	705	883	1.010	1.125	1.268	1.382	6.925
Rondônia	2	3	3	6	8	12	14	48
Roraima	1	1	1	2	3	3	7	18
Santa Catarina	1.186	1.405	1.758	1.936	1.999	2.111	2.182	12.577
São Paulo	377	433	515	583	715	867	1.014	4.504
Sergipe	25	53	73	75	83	96	116	521
Tocantins	2	4	4	9	13	23	37	92
TOTAL	**4.699**	**5.967**	**7.872**	**9.091**	**10.720**	**12.932**	**14.903**	**66.184**

Fonte: Sistema de Ação Judicial de Medicamentos – DATASUS[99]

Como mencionado, o quadro anterior bem demonstra a evolução do número de ações judiciais oriundas de todas as unidades federativas do país, sem, contudo, ter finalidade exaustiva, exata. Esses números permitem concluir que as decisões judiciais que impõem a compra de fármacos resultam em um impacto financeiro fora da programação de gastos previstos com as políticas públicas vigentes.

4.2. A saúde pública no Brasil

A saúde pública no Brasil é caracterizada por filas e muito descaso. Nos hospitais falta literalmente tudo. Há relatos inclusive de ausência de parafusos e placas que impossibilitam os médicos (que também são em número reduzido) de operar idosos, gerando uma interminável lista de espera em um dos grandes hospitais no Rio de Janeiro. Estima-se que no estado fluminense, somente na rede federal, haja pelo menos 12.500 pessoas aguardando a vez para serem submetidas a algum tipo de cirurgia. Há pacientes que esperam anos a fio nessa lamentável fila. Há pacientes que dividem a mesma maca com outros enfermos. O cenário de saúde

[99] Sistema de Ação Judicial de Medicamentos – DATASUS.

pública no país, pode-se dizer, é deplorável e muitas vezes se transforma em corredor da morte.[100]

4.3. Suprema Corte e observação de segunda ordem

A sociologia ofertou inúmeras definições sobre os atos sociais e, nessa mesma linha, sobre a própria definição da sociedade – aliás, questões intrincadas como estas não seria tema de eventual consenso. Cada autor, a bem da verdade, parte de pressupostos particulares (teóricos e empíricos) para descrever a sociedade, os quais, conforme a divergência teórico-empírica, alterariam até o objeto observado.

A sociedade, aqui, é descrita por valores próprios ao observador escolhido, no caso, inerentes ao sociólogo alemão Niklas Luhmann, Professor Emérito da Universidade de Bielefeld, que criou uma teoria social amplamente conhecida como Teoria dos Sistemas ou Teoria dos Sistemas Autopoiéticos, com o objetivo de descrever uma nova sociedade, caracterizada pela altíssima complexidade social.

Luhmann identificou na sociedade uma complexidade tão elevada que alteraria até o objeto analisado pelos seus colegas sociólogos que o antecederam. Criar, pois, um novo instrumental sociológico complexo como a nova sociedade a ser descrita, uma nova sociologia para a nova sociedade, é o seu mister. É claro, porém, que ao assumir tão laboriosa empreitada, Luhmann teve de romper com conhecidas premissas epistemológicas da sociologia clássica – que não serão enfrentadas nos limites e, sobretudo, no escopo destes escritos.

Contudo, é necessário compreender que para as referidas lentes, sociedade é comunicação. A sociedade tipificada como o conjunto das comunicações, no entanto, apresenta-se como comunicação diferenciada sob a binariedade de cada sistema parcial. A unidade é provocada pela reiteração da comunicação diferenciada, como por exemplo, o direito (l/i), enquanto na política (g/o).

Várias foram as teorias sociais que se dedicaram a descrever a sociedade, todavia, poucas procuram ao menos definir inicialmente o seu objeto. Além disso, a sociedade e o social não se mostram como conceitos unívocos e objetivos. Ao contrário, mostram-se como objetos de várias

[100] AQUINO, Ruth de. O corredor da morte nos hospitais. *Revista Época*, São Paulo, Globo, 16/12/2013, p. 122.

interpretações historicamente passíveis de modificações. Por exemplo, Luhmann aponta a comunicação como característica marcante da sociedade.

A velha metodologia de análise das ciências sociais – sujeito x objeto – torna impossível uma análise consistente da sociedade, a qual, para Luhmann, deve ser produzida interna e não externamente. Como referido, a matéria-prima é a própria comunicação social; um objeto que descreve a si mesmo, propriamente como teoria da sociedade que descreve a si mesma num objeto tautológico. O ideário de Luhmann transportado para o direito se mostra como crítica à teoria do direito, que se preocupou exageradamente com a teoria da interpretação, deixando de lado temas fundamentais como a unidade, a função e a própria reflexão, um processo mais amplo e mais apto a abranger a própria interpretação.[101]

Luhmann pensa em uma teoria capaz de munir os sistemas de níveis de observação; propriamente observações sistêmicas. Tais perspectivas podem ser descritas em observações de primeira e de segunda ordens. A observação de primeira ordem é produzida durante a construção de sentido nas operações sistêmicas. Trata-se de observação ligada à operação propriamente dita. Por exemplo, ao buscar decidir, o direito decide e ao mesmo tempo observa a sua operação.[102] Situação típica é a do magistrado que ao julgar a lide observa a comunicação processual. O sistema jurídico observa os fatos e o direito para decidir. O observador faz parte da operação observada. O observador de segunda ordem, por sua vez, observa os observadores. Ele vê o que os observadores não podem ver. No entanto, a recíproca é verdadeira: os observadores de primeira ordem podem ver o que os da segunda ordem não podem.[103]

Essa é uma perspectiva de observação momentânea e, em alguns casos, funcional. Momentânea porque a perspectiva escolhida pelo observador naquele momento o coloca em segunda ordem e vice-versa. Funcional porque é possível forjar uma estrutura jurídica para permitir que um tribunal – ou tribunais – tenha a função de padronizar condutas decisionais, o que, dessa forma, obriga-os a serem observadores dos observadores. Esses tribunais devem ver aquilo que os demais não podem identificar e,

101 LUHMANN, 2013, p. 9-37; LUHMANN, 2016, p. 11-49.

102 CAMPILONGO, 2012, p. 47-49.

103 CAMPILONGO, 2012, p. 47.

por isso mesmo, teriam condições de padronizar a interpretação das leis ou ainda identificar violações à Constituição e, nesses casos, responder a eventuais irritações sistêmicas embasadas na maior capacidade cognitiva inerente aos observadores de segunda ordem.

O STF, no seu desenho institucional (CF, art. 196), tem a função institucional de observar os observadores. Precisa, com isso, aumentar o seu nível de cognição para observar os casos levados ao seu crivo num contexto mais amplo, propriamente com as lentes da jurisprudência. A Corte Suprema não poderia julgar seus processos portando-se como observador de primeira ordem, focada numa micro-observação, centrada exclusivamente na sua operação, demonstrando operar contrariamente ao mister outorgado pela Constituição Federal.

5. Do Resultado da Pesquisa

5.1. Suprema Corte: um observador que não observa

A judicialização da saúde também materializa a ideia sistêmica de transformação da complexidade desestruturada oriunda do ambiente em comunicação estruturada. A hipercomplexidade social em matéria de saúde é um verdadeiro caos social, o que dificulta demasiadamente a operação jurídica, exigindo elevada carga de abstração pelo sistema jurídico. Julgar o direito à saúde é uma verdadeira prova de autonomia do direito.

A positivação da saúde é fruto da operação fechada do direito, a resultar em decisão contingente que escolheu determinado sentido, mas poderia ter escolhido outro igualmente válido. Por isso mesmo, é muito provável que decisões futuras cheguem a considerar outro conteúdo como certo. Errar faz parte do risco sistêmico; é inevitável. Os erros são corrigidos após a sua percepção e uma das principais formas de detectá-los é abrir-se à heterorreferência com outros sistemas parciais.

Para a escopo desta pesquisa, o sistema jurídico não é formado exclusivamente por normas e regras jurídicas que se inter-relacionam. Não se trata de um ordenamento positivado rigidamente, mas de um sistema operacionalmente unido pela comunicação diferenciada que distingue o sistema do ambiente para formar a sua própria identidade. Dessa maneira, trabalha-se aqui com operações comunicacionais e não com estruturas normativas.

Por essa premissa, e notadamente com base em parte do levantamento bibliográfico e documental realizado até o momento, conclui-se que o Supremo Tribunal Federal, em algumas das decisões estudadas, não tem acoplado os sistemas jurídico e político de maneira a permitir que a troca de comunicação desenhada por Luhmann venha a ocorrer, num diálogo comunicacional incessante e simultâneo. De modo inverso, identifica-se o predomínio de um código forte – o do direito – e, por conseguinte, a subjulgação de um código fraco – no caso, o da política. O RE nº 939.351-DF[104] é bom exemplo nesse sentido. O Distrito Federal interpôs recurso contra decisão que deferiu o fornecimento de medicamentos não incluídos na lista da ANVISA sob o fundamento processual de que na petição não constava a alegação de que o medicamento pleiteado não constava na referida lista. Não obstante o óbice processual ao julgamento, não há comunicação entre os dois sistemas envolvidos (política e direito). A argumentação jurídica foi tratada exclusivamente quanto ao mérito, mesmo com o indeferimento justificado por razão processual. Decidiu-se que o Estado não pode eximir-se do dever de propiciar os meios necessários ao gozo do direito à saúde, apesar do caráter programático atribuído ao artigo 196 da Constituição Federal.

Como mencionado, e não obstante o problema processual, o acórdão decide, afirma, toma posição, amparado em argumentos jurídicos favoráveis ao oferecimento do medicamento; por outro lado, não enfrenta os argumentos políticos trazidos pelo recorrente, concentrando-se em afirmar que não são suficientes para modificar a decisão recorrida. Não há o acoplamento entre os sistemas político e jurídico. Trata-se de uma heterorreferência em favor da argumentação jurídica.

A Corte Constitucional acabou reduzindo a complexidade de forma tão drástica que exclui do processo de decisão os argumentos políticos em boa parte dos precedentes analisados. Noutros casos julgados, porém, os argumentos políticos são desqualificados, ironizados, sob a vetusta do direito, com fundamento em nítidos qualificativos morais e deslegitimadores da política, sem qualquer preocupação com a construção de um raciocínio jurídico consistente. Em vários julgados estudados, não há ao menos uma preocupação nesse sentido.

Ao não "ver" a argumentação política, além de não irritar comunicacionalmente os sistemas jurídico e político, que poderia influenciar a

[104] BRASIL. Supremo Tribunal Federal.– 1ª Turma – Ag. Reg. no RE 939.351-DF. Relator Min. Roberto Barroso. Brasília, DF, 29 de setembro de 2017. Disponível em: <http://www.stf.jus.br/portal/processo/verProcessoAndamento.asp?numero=939351&classe=RE&origem=AP&recurso=216&tipoJulgamento=M>, Acesso em: 30 jan. 2018.

evolução recíproca, a Suprema Corte bloqueia a heterorreferência social, pois não processa as informações econômicas, centrando-se em um código exclusivamente fechado. Nega-se, assim, a cognição aberta e, sobretudo, impede-se a sua abertura ao futuro, incorrendo em sério risco de fomentar uma judicialização da saúde que resulte em prejuízos à política pública de saúde, notadamente a sua distributividade social – caráter essencial da Constituição Federal (art. 196). Em síntese, o observador não observa, nem realiza um "diálogo de surdos" no jogo argumentativo travado em suas decisões.

A construção de sentido do artigo 196 da Constituição Federal – na plenitude e notadamente sem qualquer heterorreferência com seu ambiente social – que vem sendo outorgada pelo Judiciário levará ao colapso do sistema de saúde. Não é possível que a exceção vire a regra. A cada dia, os números dos processos aumentam. Os magistrados têm dificuldade de entender que as suas decisões interferem no todo e, mais, que a universalidade da saúde exige, antes de qualquer coisa, capacidade de planejamento do gestor. As liminares outorgam aos jurisdicionados tratamentos caríssimos e, em muitos casos, sem ao menos apresentar comprovação médica. O grande quinhão formado pelas decisões acaba personificando os doentes contemplados com o direito de preferência e, consequentemente, opera-se a exclusão de outros tantos. A decisão judicial se inclina a escolher histórias – não raro tristes e, às vezes, até mal comprovadas –, em detrimento de cidadãos que não tiveram acesso à judicialização.[105]

Essa realidade adversa evidencia que decidir sobre saúde não é tarefa fácil para os magistrados. Porém, quem disse que ser juiz seria simples? Ao contrário, o exercício da judicatura exige antes de qualquer coisa a capacidade do magistrado de se indispor com uma das partes envolvidas, às vezes com ambas, outras até com a coletividade. Decidir conceder ou não conceder tratamentos caros aos doentes provoca descontentamentos. Mas há diferenças significativas nas consequências de ambos os casos. Ao decidir não autorizar determinado tratamento, o julgador nega algo a alguém que tem nome, sobrenome, família, advogado e, sobretudo, que se mostra fragilizado pela inércia estatal, tanto que vem pedir ajuda justamente por meio do processo judicial. O desgaste pessoal do represen-

[105] SCHWARTSMAN, Hélio. O dilema da saúde. *Jornal Folha de São Paulo*, São Paulo, 30 set. 2016b, p. A2.

tante do Estado-juiz é muito maior ao não conceder ao demandante o tratamento ou medicamento que pleiteia. De outra forma, a consequência negativa do deferimento do referido tratamento/fármaco, por exemplo, não é visualizada imediatamente. Não há um desgaste emocional direto do julgador com os prejudicados com a sua decisão. Em regra, ele acaba nem percebendo diretamente o erro cometido. Trata-se, quase, de um efeito colateral que até então tem sido visto com indiferença pelos magistrados.

Diante desse cenário, seria possível pensar em uma solução correta[106] para as problemáticas: fornecer ou não fornecer tratamentos e/ou remédios de alto custo mediante tutela jurisdicional e encontrar argumentos razoáveis para ambas as respostas.

A questão que a pesquisa demonstra é outra. Aqui, o que importa são duas constatações. A primeira alude ao fato de que o sentido correto de hoje pode não ser o mesmo de amanhã. A teoria, as pessoas e o ambiente mudam, ou seja, a sociedade muda e com ela a razão humana muda – e também a *ratio* jurisdicional –: altera-se, adapta-se, e assim sucessivamente. A segunda constatação refere que no processo de comunicação com a primeira, a jurisdição precisa dialogar com o externo ao direito, que, aqui, – num verbete sistêmico – é identificado pela expressão heterorreferência ao sistema.

O segredo de um possível sucesso da operação do direito é a busca do equilíbrio, cujo desenrolar se dá com a distinção das informações obtidas no ambiente, transformando-as em parte da operação jurídica, quando serão binarizadas. Dessa maneira, a consistência jurídica reclama da abertura cognitiva, como premissa funcional; uma não vive sem a outra. A sobreposição demasiada da consistência teórica atrapalha a evolução do direito porque retira nova informação, que irritará a operação jurídica com nova comunicação, além, é claro, de correr o risco de generalizar expectativas irreais. Portanto, a generalização seria frustrada, o que traria uma relação de falta de credibilidade sistêmica na sociedade.[107]

A avalanche de decisões judiciais em face do poder público pleiteando saúde é assustadora. No Brasil, já se revela um forte aculturamento em pleitear e ofertar a determinados indivíduos a saúde negada coletiva-

[106] Schwartsman, 2016b, p. A2.
[107] Correia, 2014, p. 199.

mente. A saúde coletiva continua a ser preterida pelas ações que massificam a individualização, sem qualquer preocupação (593/597).

A doutrina brasileira – parte dela, quiçá momentaneamente – justifica o deferimento – e nesta linha a ratificação no plano teórico – de tratamentos e de medicamentos de elevados custos, muito em razão do Estado de bem-estar social que ganhou importância no século XX. O efeito nas decisões, porém, está ligado a um regime tradicionalmente liberal no qual um direito subjetivo se sobrepõe a direitos coletivos.

Críticas não faltam ao processo de judicialização da saúde, mesmo que possivelmente parciais, como as feitas pelo grupo de trabalho do Ministério da Saúde do Governo Federal, criado justamente para tentar entender o fenômeno no Brasil e subsidiar o Estado nas suas defesas em juízo.

Em 2015, o referido grupo de trabalho produziu um dossiê, onde, entre tantos levantamentos, registrou que o envelhecimento da população, o maior acesso ao sistema de justiça, as novas tecnologias na indústria farmacêutica e, sobretudo, a predisposição do Judiciário em deferir os pleitos ligados à saúde provocam o cenário caótico que forjou o nome "Judicialização da Saúde". A própria expressão "judicialização" já denota situação excessiva de acesso, a ponto de se pensar em outra palavra para designar uma nova situação. As críticas, por seu lado, referem-se aos efeitos nocivos para a saúde pública e, por vezes, até para o próprio doente que solicitou o fármaco. E os problemas são diversos: fraudes nas filas de intervenções cirúrgicas e/ou tratamentos, remédios sendo utilizados para fins distintos dos previstos na respectiva bula, remédios experimentais sem qualquer garantia de resultados e riscos ao seu uso, demonstrando até mesmo um total desprestígio da Anvisa.

A propósito, de 2010 a 2015, cinco tipos de medicamentos motivaram gastos superiores a R$ 100.000.000,00 (cem milhões de reais). Em vários processos, os médicos e os advogados são os mesmos, levantando suspeitas sérias sobre a lisura dessa parceria. A maioria dos processos examinados não comprovou a real necessidade do remédio solicitado. Pouco ou quase nada há de juízo de cognição.[108]

Com referência aos dados apresentados no Quadro 5, que ilustram o número total de processos administrativos para compra de medicamentos/insumos no período de 2009 a 2015, por estados da federação, em

[108] Vesting, 2015a, p. 12, 20, 22, 27, 31.

cumprimento a ordens judiciais, neste ponto, vale ressaltar que naqueles custos não foram englobadas as determinações judiciais relativas a tratamentos médicos, internações, depósitos judiciais, acordos com os demais entes coobrigados e medicamentos retirados diretamente nos programas de saúde.

A ideia de justiça ao longo da história da humanidade tem tangenciado a questão da distribuição dos bens: "dê-se a cada um o que lhe pertence", evidenciando uma igualdade proporcional, como assim se assenta no digesto, nos gregos, nos estoicos. Esse sentido, porém, variou muito de uma sociedade para outra. Ao longo da evolução das sociedades, estiveram também muito presentes aspectos da distributividade e da comutatividade, ligados às relações privadas, atuando como compensações de danos e/ou acerto de relações privadas como contratos. O aspecto distributividade, de modo diverso, voltava-se para a distribuição de bens e direitos na sociedade.[109]

5.2. O que está por trás da autorreferência do Supremo Tribunal Federal?

5.2.1. Direito à saúde como direito humano irrenunciável

A fundamentação axiológica do direito à saúde nos julgamentos do Supremo Tribunal Federal gira em torno da vinculação de tal direito aos direitos humanos. A partir daí a ideia de razão universal, indisponibilidade e irrenunciabilidade tão inerentes ao humanismo são incorporados integralmente à forma de pensar da Corte. Com efeito, os ministros da Suprema Corte têm decidido reiteradamente pela obrigação estatal de fornecimento de fármacos e tratamentos de saúde, independentemente do custo ou da existência de verba pública, sob o fundamento de que a saúde é um bem indisponível.

As decisões analisadas aventam a indisponibilidade da saúde com a sua mantença mesmo diante de argumentos de difícil superação, como a efetiva escassez de recursos. Constrói-se, pois, a indisponibilidade do direito à saúde em desfavor da sua não concretude, como no julgamento

[109] Vesting, 2015a, p. 183-186.

do Agravo de Despacho Denegatório de Recurso Extraordinário de nº 640722/SC[110].

No conjunto das decisões analisadas identifica-se o direito à saúde como inviolável. A fundamentação de boa parte dessas decisões traz a lume outras decisões para ratificar a ideia de que o STF já firmou posicionamento em favor da preservação do referido direito como direito humano fundamental. Desta forma, é direito inviolável, a resultar na obrigação do Estado (em sentido genérico) de garantir o fornecimento de medicamentos, com destaque para o atendimento de doenças graves.[111]

[110] BRASIL. Supremo Tribunal Federal. *Recurso Extraordinário com Agravo nº 640722/SC*. Relator Ministro Ricardo Lewandoski. Requerente: União. Requerido: Ministério Público Federal. Intimado: Estado de Santa Catarina. Intimado: Município de Videira. Brasília, DF. Julgado em 24.05.2011. Publicado em 30.05.2011. Disponível em: <http://stf.jusbrasil.com.br/jurisprudencia/22936567/recurso-extraordinario-com-agravo-are-640722-sc-stf>. Acesso em: 16 out. 2013. Trecho do mesmo julgado, p. 1: "1. A Constituição Federal, com precisão, erige a saúde como um direito de todos e dever do Estado (art. 196). Daí a seguinte conclusão: é obrigação do Estado no sentido genérico (União, Estados e Municípios) assegurar às pessoas desprovidas de recurso financeiro o acesso à medicação necessária para a cura de suas mazelas, em especial, as mais graves". Trecho do mesmo julgado, p. 1: "2. O direito público subjetivo à saúde representa prerrogativa jurídica indisponível assegurada à generalidade das pessoas pela própria Constituição da República (art. 196)". Trecho do mesmo julgado, p. 1: "3. O Poder Público, qualquer que seja a esfera institucional de sua atuação no plano da organização federativa brasileira, não se pode mostrar indiferente ao problema da saúde da população, sob pena de incidir, ainda que por censurável omissão, em grave comportamento inconstitucional".

[111] Trecho do mesmo julgado, p. 1: "O agravo não merece acolhida. Isso porque, o julgado impugnado encontra-se em harmonia com a orientação da Corte que, ao julgar o RE 271.286 – AgR/RS, Rel. Min. Celso de Mello, entendeu que o Poder Público, qualquer que seja a esfera institucional de sua atuação no plano da organização federativa brasileira, não pode se mostrar indiferente ao problema da saúde da população, sob pena de incidir, ainda que por censurável omissão, em grave comportamento inconstitucional. Salientou-se, ainda, no citado julgado, que a regra contida no art. 196 da Constituição tem por destinatário todos os entes políticos que compõem, no plano institucional, a organização federativa do Estado brasileiro. No mesmo sentido, menciono as seguintes decisões, entre outras: RE 393.175-AgR/RS e AI 662.822/RS, Rel. Min. Celso de Mello; RE 566.575/ES, Rel. Min. Ayres Britto; RE 539.216/RS, Rel. Min. Eros Grau; RE 572.252/RS, Rel. Min. Cezar Peluso; AI 507.072/MG, Rel. Min. Joaquim Barbosa; RE 535.145/MT, Rel. Min. Cármen Lúcia; AI 635.766/RS, Rel. Min. Sepúlveda Pertence".

O humanismo incorporado nas decisões vai de encontro ao próprio teor positivado pela Constituição Federal, de modo que as normas constitucionais programáticas tomam, no material empírico coletado, contorno completamente diverso da composição clássica desenvolvida na década de 1960 por José Afonso da Silva. Nas decisões analisadas, parte-se, sim, do pressuposto de que o direito à saúde está disposto em norma programática, entretanto, a sua interpretação não poderia resultar em promessa inconsequente. Essa assertiva é considerada uma premissa inconteste. Bem por isso, é repetida como axioma numa grande quantidade de decisões, como por exemplo, nos julgados AI nº 662822/RS, AGR no RE nº 393175/RS. Para ilustrar, transcreve-se trecho do RE nº 535145-MT:

> [...] A INTERPRETAÇÃO DA NORMA PROGRAMÁTICA NÃO PODE TRANSFORMÁ-LA EM PROMESSA CONSTITUCIONAL INCONSEQÜENTE. – O caráter programático da regra inscrita no art. 196 da Carta Política – que tem por destinatários todos os entes políticos que compõem, no plano institucional, a organização federativa do Estado brasileiro – não pode converter-se em promessa constitucional inconseqüente, sob pena de o Poder Público, fraudando justas expectativas nele depositadas pela coletividade, substituir, de maneira ilegítima, o cumprimento de seu impostergável dever, por um gesto irresponsável de infidelidade governamental ao que determina a própria Lei Fundamental do Estado. [...].[112]

Nesse cenário jurisprudencial, perde o seu sentido original o ideário, teorizado pelo citado autor constitucionalista, de normas programáticas como programas a serem cumpridos pelo Estado e como orientações que os governantes devem levar em conta ao tomar as suas decisões, todavia, sem um vínculo efetivo ao seu cumprimento. Em última análise, o tempo de cumprir o "programa em direito à saúde" passou; a sua interpretação se aproxima muito mais das normas de eficácia imediata – classificação também proposta por José Afonso da Silva –, apesar de ainda serem chamadas pelo STF de normas de eficácia programática.

[112] BRASIL. Supremo Tribunal Federal. Recurso Extraordinário nº 535145/CE. Relator Ministro Ricardo Lewandowski. Brasília, DF, 26 de agosto de 2014. Publicação DJe 04.09.2014.

5.2.2. Direito moderno como funcional diferenciado

Cada subsistema funcional está ligado diretamente à evolução social e no direito não seria diferente[113]. O direito, pelo prisma luhmanniano, evoluiu impulsionado pela complexidade, chegando à operação sistêmica conhecida como positividade. A positividade tornou-se o direito da diferenciação funcional.[114]

A incorporação, por Niklas Luhmann, da diferenciação funcional afastou a sua descrição do positivismo jurídico. Para Luhmann, é positivo o direito posto por uma decisão e alterável por outra[115], de modo que a positividade, como principal característica do direito moderno, passa ser substituída por operações sistêmicas de reflexão interna, conduzidas por fechamento operacional e, ao mesmo tempo, por uma abertura do sistema jurídico às comunicações vindas do externo ao direito.

A evolução do direito vem motivada pelo mesmo fator que impulsiona o sistema social global, qual seja, a complexidade, em razão da diversidade do número de situações e de eventos possíveis.[116] O processo evolutivo, desta feita, torna-se o resultado das permanentes operações de variação, seleção e estabilização de estruturas.[117] O inverso disso, porém, é a própria involução, caracterizada pelo não ingresso de nova complexidade no direito.

[113] LUHMANN, 2002, p. 625-664. Ver também NEVES, Marcelo. *Entre Têmis e Leviatã*: uma relação difícil. São Paulo: Martins Fontes, 2006. p. 18: "A evolução da sociedade como sistema social mais abrangente vincula-se diretamente à evolução dos seus subsistemas funcionais". Niklas Luhmann apresentou uma divisão da sociedade que conota, a partir de específicos momentos sociais, o seu respectivo direito. Assim, as sociedades segmentadas correspondem ao direito arcaico, por exemplo. Ademais, o direito caracterizar-se-á pela hierarquia nas culturas avançadas pré-modernas.

[114] Esse desenvolvimento não é um estado objetivo, mas um estado relativo de desenvolvimento, o que leva a pulos históricos, como ensina NEVES (2006, p. 20): "[...] de tal maneira que traços jurídicos das culturas avançadas, pré-moderna e mesmo arcaicas podem ser encontradas no presente".

[115] Cf. LUHMANN, Niklas. *Procedimenti giuridici e legittimazione sociale.* A cura di A. FEBRAJO. Giuffrè, 1995. [ISBN 8814025843. p. 141 e NEVES, 2006, p. 24: "Só quando o direito passa a ser regularmente posto e alterável por decisão é que se pode falar de positividade".

[116] Cf. LUHMANN, Niklas. *La differenziazione del diritto.* Milão: Società editrice il Mulino, 1990. p. 38: "L'evoluzione viene concepita come accrescimento della complessità, come incremento del numero e della diversità delle situazioni e degli eventi possibili [...]".

[117] CAMPILONGO, 2002, p. 23-24, 88-89.

A Corte Suprema, ao tratar como intocável o direito à saúde, simplesmente tenta – talvez involuntariamente – fechar a operação jurídica às novas necessidades da sociedade. Trata-se de uma artificialidade muito usual no direito em outros tempos, cujo uso desmedido, desproporcional, pode, no entanto, aumentar demais a pressão social vinda do externo, a ponto de submeter o sistema a uma pressão muito maior do que a sua capacidade operacional pode suportar.

5.2.3. Conceitos dogmáticos incorporados às decisões da Corte Constitucional

As decisões judiciais auxiliam a compreensão e a construção de conceitos teóricos forjados pela dogmática jurídica. A busca de sentido das operações fundamenta-se nos referidos conceitos para justificar o conteúdo das decisões. No entanto, aqui, o que de fato interessa são as comunicações do sistema oriundas dos julgamentos dos seus ministros. Pouco importa o que pensaram ou deixaram de pensar os ministros do STF, mas sim como distinguiram o seu pensamento na comunicação extraída do voto. Os próprios sistemas observam mediante comunicação. Assim, sem comunicação não há nada a ser observado – como no conhecido jargão forense: "o que não está nos autos não está no mundo fenomênico" –, ou sistemicamente falando, "o que não está na comunicação não existe no sistema".

Com base nesse raciocínio, a pesquisa chegou à seguinte conclusão: o que está por trás da operação exclusivamente fechada do STF é a vitória do ideário conhecido como "mínimo existencial" – que na jurisprudência de mínimo não tem nada, absolutamente –, contra outro conceito conhecido sobre a vestuta de "reserva do possível", como se exemplifica pelo seguinte paradigma do RE nº 642536 AgR/AP.[118] É célebre o debate

[118] "Agravo Regimental no Recurso Extraordinário. Administrativo e Processual Civil. Repercussão Geral Presumida. Sistema Público de Saúde Local. Poder Judiciário. Determinação de Adoção de Medidas para a Melhoria do Sistema. Possibilidade. Princípios da Separação dos Poderes e da Reserva do Possível. Violação. Inocorrência. Agravo Regimental a que se Nega Provimento. 1. A repercussão geral é presumida quando o recurso versar questão cuja repercussão já houver sido reconhecida pelo Tribunal, ou quando impugnar decisão contrária a súmula ou a jurisprudência dominante desta Corte (artigo 323, § 1º, do RISTF). 2. A controvérsia objeto destes autos – possibilidade, ou não, de o Poder Judiciário determinar ao Poder Executivo a adoção de providências administrativas visando à melhoria da qualidade

travado entre ambos, inicialmente no plano doutrinário e depois na jurisprudência. O debate, muitas vezes, tomou um tom caricato: de um lado, apresentam-se os defensores do mínimo existencial como defensores dos direitos, por vezes rotulados de neoconstitucionalistas, pós-positivistas ou outro indicador de algo positivo; de outro, há os defensores da reserva do possível, que receberam o rótulo de conservadores, neoliberais ou qualquer outra pecha que os relaciona a ideias negativas.

Parte da dogmática jurídica ajudou a construir a panaceia principiológica que motiva uma atuação jurisdicional finalística, quase cega ao entorno, sempre avante. Direitos subjetivos absolutos, no entanto, são egoístas por legitimar alguns contra muitos. Com efeito, turbinar o Judiciário com pretensões, fazendo crer que se pode mais do que realmente é possível fazer pela sociedade, gera, entre tantos malefícios, uma hipercomplexidade social funcional, desfocando-o de sua real possibilidade; além disso, inflaciona as possibilidades judiciais, podendo causar irritações nos demais sistemas, capazes de prejudicar, por exemplo, o próprio sistema público de saúde, de acesso integral, universal e gratuito.

Pelo viés sistêmico, a pesquisa identifica algumas potencialidades do sistema jurídico, sobretudo aquelas ligadas à consistência interna (autorreferência) e à abertura ao externo (heterorreferência).[119]

No duelo entre o "mínimo existencial" e a "reserva do possível" não deve haver vencidos nem vencedores; todavia, persiste a necessidade de constante diálogo, que deveria ser travado em todas as decisões analisadas, mas em parte delas tal não ocorreu.

da prestação do serviço de saúde por hospital da rede pública – foi submetida à apreciação do Pleno do Supremo Tribunal Federal na SL 47-AgR, Relator o Ministro Gilmar Mendes, DJ de 30.4.10. 3. Naquele julgamento, esta Corte, ponderando os princípios do 'mínimo existencial' e da 'reserva do possível', decidiu que, em se tratando de direito à saúde, a intervenção judicial é possível em hipóteses como a dos autos, nas quais o Poder Judiciário não está inovando na ordem jurídica, mas apenas determinando que o Poder Executivo cumpra políticas públicas previamente estabelecidas. 4. Agravo regimental a que se nega provimento". Cf. Brasil. Supremo Tribunal Federal. Primeira Turma. RE nº 642536 AgR/AP. Relator Min. Luiz Fux. Brasília, DF, 05 de fevereiro de 2013. Disponível em: <https://stf.jusbrasil.com.br/jurisprudencia/22882847/recurso-extraordinario-re-642536-ap-stf>. Acesso em: 30 jan. 2018.

119 Correia, 2014, p. 199.

As decisões estudadas no âmbito do STF servem-se de procedimentos processuais como ritos, nos quais se permitiria a irritação recíproca dos códigos da política e do direito, a fim de (i) assegurar que os referidos sistemas se comuniquem em nível de igualdade, portanto sem qualquer sobreposição comunicacional de um sobre o outro e, consequentemente, (ii) tipificar a jurisprudência como "equivalente funcional", no sentido de que a abertura garantiria a variação da comunicação e o fechamento da redundância, como descreveu Luhmann.[120]

Nos julgados que não apresentam qualquer indício de acoplamento entre os sistemas envolvidos, observou-se, ainda, um típico julgamento liberal. Entretanto, em razão da natureza distributiva do direito à saúde, precisa ser positivado como direito social e não como liberal.

Uma breve retrospectiva permite constatar que muitos recursos submetidos à Corte Suprema para pleitear direito à saúde são julgados improcedentes. A racionalidade demonstrada nos julgados analisados não reconhece o direito à saúde como direito indisponível nem admite os precedentes há algum tempo. A concepção de "reserva do possível" prevaleceu em detrimento do hoje vencedor "mínimo existencial". É verdade, porém, que tais conceitos oriundos da dogmática não ocupavam papel de destaque na argumentação das decisões. Nesse período, o principal argumento extraído da dogmática era o da separação dos poderes como valor a restringir a atuação do Judiciário na outorga de remédios não oferecidos pelo Estado.

As argumentações de parte das decisões analisadas praticamente nem fazem menção ao princípio da separação dos poderes, focando tão só o diálogo de surdos na autorreferência do mínimo existencial. A interpretação judicial, por vezes, tipifica-se como um produto da sociedade, influenciado pelos valores inerentes à coletividade ou mesmo restrito a grupos específicos como o dos magistrados. Na interpretação judicial se materializa a contingência social e, por isso mesmo, o sentido da interpretação é sempre variável, alternável. De outro modo, porém, quando a Corte se fecha a novos argumentos, acaba não levando em conta variáveis novas e mais contingentes da sociedade atual.[121]

[120] LUHMANN, 2016, p. 222, 226.

[121] CAMPILONGO, 2012, p. 136.

5.3. A (parte) Suprema Corte que tipifica o acoplamento estrutural

A delimitação semântica de Constituição vem, ao longo dos séculos, sendo cunhada, apesar de na hodiernidade já se pensar em muitos pontos comuns à sua significação.[122] É possível, nesse jaez, atribuir à ordem constitucional as naturezas de fator e de produto da diferença funcional entre política e direito. Trata-se de uma via de mão dupla onde trafegam comunicações ininterruptas.[123]

A Suprema Corte atuou em alguns julgamentos como acoplamento estrutural, garantindo a relação horizontal entre os sistemas jurídico e político. Nessa atuação, foram identificadas comunicações constantes e assimétricas entre os sistemas acoplados (jurídico e político).[124] Ademais, não é possível que um sistema autoprodutor fique totalmente fechado. O acoplamento estrutural propiciou comunicação entre os mencionados sistemas.

A relação entre os sistemas político e jurídico talvez seja uma das relações mais próximas entre sistemas sociais parciais. Daí surgem os riscos de jurisdização da política e de politização do direito. Em que pesem tais riscos, ao exercer seu mister constitucional, **o STF** atua ao mesmo tempo na operação comunicacional do direito e da política, irritando comunicacionalmente ambos os sistemas. O resultado é mais complexidade e, por conseguinte, maior variabilidade no processo decisório de ambos os sistemas parciais. Contingência é a palavra de ordem que deve surgir desse processo de hipercomplexidade social.

A sociedade moderna é caracterizada também pela funcionalidade sistêmica. As comunicações se diferenciam por meio de sua binariedade. Formar-se-ão vários subsistemas, conhecidos ainda como sistemas parciais, caracterizados por funcionalidade e por códigos próprios.

Os sistemas político e jurídico interessam à pesquisa. O político é formado pela reiteração comunicativa poder/não poder, cujas seleções internas produzem comunicações próprias: leis, portarias, decretos etc.;

[122] Essa mudança paradigmática já pode, inclusive, ser observada nas traduções da obra de Aristóteles, cujo significado dado à Constituição é contingente, principalmente quando estudada a tradução espanhola organizada por J. Marias e M. Araujo, onde se pode aferir que no próprio texto original há mais de um significado. Ver NEVES, Marcelo. *A constitucionalização simbólica*. São Paulo: Martins Fontes, 2007, p. 57.

[123] NEVES, 2007, p. 65.

[124] CAMPILONGO, 2002, p. 95; NEVES, 2007, p. 69.

sua produção vincula a sociedade. O jurídico, consequentemente, recebe valores já escolhidos e tem de atuar com base neles, com o escopo de garantir a manutenção das expectativas normativas.[125] Exemplo de acoplamento estrutural é o julgamento da Repercussão Geral no RE nº 979.742-AM[126].

A troca de informação entre os sistemas envolvidos se tipifica porque os argumentos políticos e jurídicos são facilmente vislumbrados na leitura do acórdão. Razões políticas e jurídicas dialogam, evidenciando um jogo comunicacional muito claro. A decisão serve como paradigma, uma vez que o mérito do tratamento não foi enfrentado tendo em vista a natureza do julgamento da repercussão geral. O caso foi considerado de repercussão geral, por unanimidade, o que o levará a futuro julgamento de mérito sobre o deferimento ou não do pleito à saúde.

O recurso interposto diz respeito à condenação da União e de estado-membro ao custeio de procedimento cirúrgico indisponível na rede pública. O requerido pleiteou o pagamento de cirurgia de astroplastia total primária, sem o procedimento (normalmente realizado) de transfusão de sangue, sob o argumento de pertencer a Testemunhas de Jeová, cujos preceitos, como é cediço, vedam qualquer tipo de transfusão de sangue. Tal cirurgia não é oferecida pela rede pública. O estado foi condenado a custear tratamento, consultas e medicamentos, além de passagens aéreas para o doente e seu acompanhante.

A redação da decisão em comento deixa claro o papel do acoplamento realizado pela Constituição Federal entre a política e o direito. As informações oriundas de ambos os sistemas se chocam. Os argumentos que invocam a proteção constitucional à liberdade religiosa, à dignidade da pessoa humana e à saúde justificariam o deferimento da medida pleiteada. Também se constatam argumentos políticos de que o direito à saúde como direito absoluto e a liberdade religiosa, caso não analisados a realidade e o contexto social brasileiros, prejudicariam a universalidade e a igualdade do direito à saúde. A convicção religiosa deve ser respeitada, mas isso não

[125] Sobre a função dos sistemas político e jurídico, ver CAMPILONGO, Celso. *Governo representativo "versus" governo dos juízes*: A "autopoiese" dos sistemas político e jurídico. Belém: UFPA, 1998. p. 58.

[126] BRASIL. Supremo Tribunal Federal. Repercussão Geral no RE nº 979.742-AM. Plenário. Relator Min. Roberto Barroso. Brasília, DF, 29 de junho de 2017. Disponível em: <www.stf.jus.br/portal/processo/verProcessoPeca.asp?id=312131513&tipoApp>. Acesso em: 30 jan. 2018.

significa que o Estado deva ser obrigado a arcar com custos derivados das particularidades de cada religião. Essa obrigação potencializada inviabilizaria qualquer tentativa de estruturação do sistema de saúde.

A partir da atuação da Corte Suprema, a política e o direito não só desenvolvem sensibilidade para resolver determinados eventos em torno do ambiente como também produzem coordenações pragmáticas de transparências entre os subsistemas autopoiéticos, clausurados operacionalmente e acoplados estruturalmente.[127] O coligamento estrutural é assim chamado por representar ligações entre as estruturas do sistema e, ademais, pressupõe dois sistemas estáveis pela dinâmica. As estruturas próprias do sistema servem a um coligamento operativo. Há uma continuidade da *autopoiesis* do sistema de operação, garantindo estabilidade temporal à medida que passa de uma operação à outra.[128] Os sistemas parciais precisam comunicar-se para buscar uma adaptação ao novo ambiente.[129-130]

Uma parte dos julgamentos funciona como fatores de exclusão e de inclusão, acrescentando novos valores e excluindo outros anteriormente impostos ao direito. A comunicação irrita os sistemas[131] e possibilita a constante troca de influências recíprocas entre os subsistemas, filtrando-as. Constrói-se, assim, uma solução jurídica à autorreferência do sistema político e, ao mesmo tempo, fornece-se uma resposta política à autorreferência do sistema jurídico.[132]

127 Campilongo, 2012, p. 50.

128 Luhmann, Niklas. L'informazione nell'economia e nel diritto. *Osservatorio "Giordano Dell'Amore"*, Milano, Cariplo, nº 6, p. 27-45, 1989. p. 32: "Il concettopressuppone dei sistemi, che ottengono la loro stabilità grazie alla propia dinamica. Le strutture proprie del sistema servono ad un collegamento operativo, ad una continuazione dell'autopoiesi del sistema da operazione ad operazione, quindi da momento a momento". Ver Schuartz, Luis Fernando. *Norma contingência e racionalidade.* Rio de Janeiro: Renovar, 2005. p. 92.

129 Mansilla, 2002, p. 24.

130 O exemplo é ofertado por Campilongo, 2012, p. 53.

131 Mansilla, 2002, p. 51: "Los acoplamientos estructurales sólo funcionan con un efecto de inclusión y de exclusión. Una Constitución, por ejemplo, puede haber sido aprobada en su texto, pero no funcionará se no puede evitar los efectos contrarios a la constitución de la violencia política sobre el sistema del Derecho. Estos acoplamientos estructurales, por otra parte, conforman mecanismos que son considerados de manera distinta por cada uno de los sistemas acoplados y de esta manera se consiguen las irritaciones o gatillamientos mutuos".

132 Neves, 2006, p. 97-99.

A proposta de descrever a Constituição como acoplamento estrutural pressupõe a existência de dois sistemas parciais (no caso, direito e política) que são autônomos em suas operações e, para evoluir, necessitam receber comunicação nova, chamada aqui de irritação, de modo a realizar uma reflexão interna para estabilizar a irritação por meio de nova comunicação. Acoplar, porém, é criar condições para a provocação de uma irritação concentrada, ininterrupta. O acoplamento é uma estrutura criada justamente para possibilitar uma concentração comunicacional entre os sistemas. As irritações são geradas por situações e eventos oriundos do ambiente externo ao sistema.

5.4 Dogmática jurídica hetorreferente

A dogmática jurídica utilizada na busca de sentido das decisões analisadas, na maioria dos casos, comporta-se como técnica fechada, impossibilitando qualquer diálogo, até aquele que se revela nos argumentos dos demais ministros da Suprema Corte brasileira, formando, desta feita, o que a doutrina nomina de "onze ilhas".

Não há formação de precedentes, ou seja, decisões que representam a referida Corte. Há, por outro lado, argumentos e votos individuais que acabam prevalecendo ou não no julgamento coletivo. A construção do precedente defendido pelo CPC é ainda algo distinto, sobretudo quando se concebe a ideia de precedente como institucional e não individual. O cenário assim desenhado dá corpo a questionamentos peculiares: é possível pensar em decisões substantivas com amplitude nacional, no sentido de a Corte passar a julgar sob um viés macro? Qual é, inclusive, o papel de um tribunal constitucional? Parece que os votos se resumem a asserções: constitucional/inconstitucional, deferido/indeferido, negado/concedido.[133]

A crítica que constantemente se faz ao STF diz respeito à individualidade em desfavor da colegialidade. Já se falou que o excesso de trabalho, melhor, que a elevada quantidade de processos provocaria o igualmente elevado número de decisões monocráticas. No entanto, o ano de 2016 colocou em xeque esse argumento. São vários os casos em que os ministros tentaram evitar o plenário e em desprestígio da Corte deliberadamente escolheram o julgamento individual. Fala-se, nessa linha, de onze ilhas,

[133] Bogossian, 2017, p. 116-118.

onze argumentos, onze tribunais. Não haveria posição institucional, mas sim individual.[134]

Joaquim Falcão e Diego Werneck Arguelhes, a propósito, mencionam julgamentos que os ministros de forma deliberada julgaram monocraticamente; uma demonstração de afronta ao colegiado. Por exemplo, a decisão do Ministro Gilmar Mendes que impediu o ex-presidente Lula de assumir um ministério no governo Dilma, às vésperas de um feriado, em uma sexta-feira, acabou provocando o desgaste maior de um governo que precisava de fôlego para sobreviver. Na mesma linha, tem-se a decisão isolada do Ministro Fux, altamente corporativista, determinando o pagamento de auxílio moradia a todo o Judiciário, representando um gasto anual aproximado de R$ 900.000,000,00 (novecentos milhões de reais), sem ao menos apresentar o problema aos seus pares.[135] Esta questão, vale lembrar, até o momento não foi submetida ao plenário da Corte.

Os autores apontam ainda a fragmentação que resulta em um comportamento político realizado estrategicamente pelos ministros: o poder institucional outorgado pela Constituição Federal ao STF, quando utilizado isoladamente, esvazia o Tribunal Constitucional para fortalecer o individualismo e impede que temas de grande relevância passem pelo crivo do colegiado, como forma de amadurecer e enriquecer a questão debatida. Mais grave, impede que a Corte Suprema cumpra com o seu papel institucional de defender a Constituição Federal, padronizando a interpretação. Em um ambiente onde existam várias posições dentro da mesma Corte, a complexidade só é aumentada, nunca acentuada.[136]

A jurisprudência do STF denota muito pouca preocupação com métodos e/ou procedimentos capazes de conduzir a racionalidade da decisão. Escolhe-se um lado ou a razão para julgar? Há preocupação com o fim, não com os meios. O Tribunal escolhe uma posição e dá à Constituição Federal a interpretação e a justificativa que atingirá o resultado almejado. A racionalidade é algo que vem depois, como um enfeite, um embeleza-

[134] Falcão, Joaquim; Arquelhes, Diego Werneck; Recondo, Felipe (Org.). *Onze supremos*: o Supremo em 2016. Belo Horizonte, MG: Letramento: Casa do Direito: Supra: Jota: FGV Rio, 2017. p. 20-28.

[135] Falcão; Arguelhes, 2017, p. 20-28.

[136] Falcão; Arguelhes, 2017, p. 20-28.

dor do recheio do bolo. Os exemplos são muitos. O Tribunal julga mesmo contrariamente ao texto literal da Constituição.[137]

O resultado dessa falta de método revela a existência de um Tribunal cujos julgamentos não buscam o convencimento do coletivo. O melhor para o caso seria o consenso e/ou convencimento dos demais ministros. Se há divergências, resolve-se pela soma de votos, quase sempre.[138]

A missão institucional do STF é ainda imperceptível à composição atual da Corte. Espera-se um Tribunal cuja razão de decidir ilumine – e outras vezes até vincule – os demais magistrados do país. Porém, nem mesmo a jurisprudência desta Corte é respeitada pelos próprios ministros. Teses vencidas ou perdidas no plenário muitas vezes não influenciam nem mesmo os ministros insatisfeitos com o desfecho da questão debatida. Não há preocupação em respeitar as teses decididas em plenário. Como pontuado, o plenário não vincula os demais ministros. Se nem a casa internamente se respeita, como será no resto do Brasil? Ao agir dessa forma, os ministros auxiliam a jurisprudência de farmácia: olhe o que interessa, utilize o que serve. Desta feita, a Corte Suprema atua nacionalmente como justificador das posições dos juízes e não como *ratio* influenciadora, como deve ser a sua missão constitucional.[139]

A dogmática jurídica utilizada pelo STF, ao dar as costas para o real (ser), acaba transformando-se em mero jogo de interpretação. Ao contrário disso, os grandes temas jurídicos não possuem uma só abordagem social. A abertura possibilita um leque de abordagens.[140] A impressão, por exemplo, contribuiu enormemente para a evolução do direito.[141]

A alteração social avançada permite que a teoria jurídica desenvolva um conjunto maior de ideias e propostas de práxis jurisdicionais. Um refinamento teórico daria uma maior contribuição à prática.[142] A cultura da teoria do direito está concorrendo com os meios audiovisuais de massa e, cada vez mais, com o computador.[143]

[137] Dimoulis, 2017, p. 63-65.

[138] Sundfeld; Souza, 2017, p. 104-106.

[139] Cani, 2017, p. 113-115.

[140] Luhmann, 1990, p. 7. No direito romano, pode-se até mesmo falar em comunicação jurídica por meio dos negócios jurídicos.

[141] Vesting, 2015a, p. 310.

[142] Vesting, 2015a, p. 317.

[143] Vesting, 2015a, p. 315, 316.

O exercício da justificação por meio autorreferencial é algo que preocupa a atual teoria alemã do direito.[144] Aliás, o próprio método teleológico permite que se atribuam às leis, de modo argumentativo, outras finalidades que estão no ambiente e aptas a mensurar as consequências econômicas de eventuais lesões.[145] Isso faz parte do jogo comunicacional.

O filósofo contratualista Thomas Hobbes já se posicionava pelo respeito rígido à lei por representar a vontade do legislador; a soberania, por sua vez, materializa-se no apego literal ao conteúdo das leis. Anos depois, Barão de Montesquieu deslocava o mesmo raciocínio para a figura do juiz como boca da lei, que deveria simplesmente pronunciar o direito. Esses pensamentos são exemplos de uma tentativa de garantir a segurança jurídica – que influenciou a Escola da Exegese e teve como apogeu o Código de Napoleão (1804).[146]

A preocupação com a certeza do direito segue em frente com a corrente filosófica rotulada de jurisprudência dos conceitos, caracterizada também pelo nexo lógico entre os conceitos e pela busca da razão finalística (racionalidade de fins). Tais modelos, porém, provocaram reações contrárias como a jurisprudência dos interesses e o realismo americano, que considerava o juiz como o verdadeiro legislador.[147]

A cadeia argumentativa das decisões judiciais acabou adotando os princípios como grande instrumento de adequação social ao considerar o juiz como observador privilegiado. Ao fundamentar-se nos referidos princípios o juiz poderia interpretar o direito de forma maleável, flexível, num formato que potencializaria a incerteza jurídica.[148] Nesse sentido é a interpretação de Marcelo Neves: "O direito e sua aplicação são uma construção social, nem subjetiva nem objetiva, sequer intersubjetiva, mas sim transubjetiva. É na transubjetividade do social e, nele, do jurídico, que se assenta a questão inexorável da incerteza do direito".[149]

O processo de aplicação da norma jurídica ao caso concreto, como a saúde, pressupõe uma variedade de expectativas normativas ao entorno do sentido a ser construído pelos utentes e ela se potencializa em normas

[144] Nesse sentido, ver Vesting, 2015a, p. 317.
[145] Vesting, 2015a, p. 219.
[146] Neves, 2016, p. 43, 44.
[147] Neves, 2016, p. 45.
[148] Neves, 2016, p. 48.
[149] Neves, 2016, p. 47.

abertas, o que traz um conjunto de hermenêuticas passíveis de aplicação. Os sistemas funcionais expressam as suas expectativas por intermédio de suas comunicações. Nesse cenário, a dupla contingência é algo inevitável, porém possível de ser estabilizada pelos procedimentos internos ao sistema jurídico. Dito de outra forma; a intenção do legislador (alter) pode ser interpretada de modo diverso pelo juiz ou outro aplicador (ego), pois se trata de um processo comunicacional de interpretação influenciado por muitos fatores, como a comunicação que transcende de uma geração para outra, os valores morais, culturais e, sobretudo, a troca comunicacional entre os sistemas. A incerteza é, assim, inerente ao processo decisório, devendo ser processada, absorvida e amenizada pelos procedimentos internos ao direito, como a distinção dos argumentos trazidos pelas partes.[150]

A distinção dos argumentos tanto antecipa uma possível decisão no presente momento como sinaliza uma futura mudança de postura no entendimento da Corte. Ao demonstrar toda a argumentação que tece o pano de fundo do debate, a decisão acaba amenizando incertezas ao noticiar as possibilidades decisórias que norteiam o debate.

Em outra perspectiva de análise, a incerteza acaba garantindo certa autonomia do processo decisório porque, ao contrário, o resultado decisório previamente conhecido é uma deformação do processo, tanto que ele se transforma em ritual com intuito de cumprir tabela, seguir a burocracia e nada mais. Não ter surpresa quanto ao resultado significa um controle social ou de grupos e ideários sobre o direito, paralisando completamente o potencial inclusivo do subsistema do direito, com antecipação da vitória de uma das partes.[151]

A consistência jurídica é também a segurança jurídica que se materializa pela redundância da argumentação jurídica. A fórmula de contingência deve preocupar-se em manter o equilíbrio entre justiça interna e justiça externa. A primeira – justiça interna –, materializa-se na consistência jurídica (também identificada como redundância). A segunda – justiça externa –, corresponde à própria adequação social, traduzindo um jogo comunicacional com as comunicações vindas do ambiente social. Nesse movimento, observa-se, de um lado a segurança jurídica provocada pela

[150] Neves, 2016, p. 50, 51, 53, 54.
[151] Neves, 2016, p. 55.

redundância; de outro a variedade comunicacional originada de outros sistemas.[152]

Essa busca de equilíbrio entre justiça interna e justiça externa é um ideal muito difícil de ser atingido. Trata-se de uma busca paradoxal que precisa estar em constante equilíbrio. Qualquer excesso observado em um dos lados é danoso: enquanto muita consistência jurídica provoca problemas de inadequação social, desacreditando a capacidade do direito de manter de expectativas normativas e consequentemente a perda de legitimidade social, a elevada adequação social pode levar a uma subordinação do direito a projetos particulares ou a subsistemas sociais. O ideal da perfeição entre as justiças interna e externa é intangível. Não há que se esperar perfeição, contudo, o equilíbrio entre os sistemas de justiça (interno-externo) é uma realidade possível, desde que o extremo olhar da dogmática seja deixado de lado e passe a abrir caminho para a observação e a inclusão de situações e de atores novos extraídos do interior da sociedade.[153]

O Brasil passou – e em certo sentido ainda passa – por uma reiteração social da ilicitude, que trouxe ao país a pecha de "país da impunidade". Isso acabou aumentando a já tensa relação social, a ponto de obrigar o Estado a constantes adaptações no plano jurídico, que tanto amenizam como aumentam as contradições. Como consequência, para julgar tais litígios surge a necessidade de novos atores, com maior grau de especialização e que muitas vezes exigem saberes não dogmáticos, em alguns casos até não jurídicos. Além disso, como pontuou Faria, esse novo cenário provocou um protagonismo de magistrados com atuação política, com engajamentos em determinadas causas sociais. Busca-se a materialidade em desfavor da formalidade jurídica; evidencia-se outro enfoque de justiça.[154]

A limitação da abordagem positivista à sociedade de transformação fica clara quando se analisa a judicialização da saúde. A ideia de ilícito como algo amoral é, sim, um ato que se choca com o direito positivo, propriamente com um arcabouço teórico centralizado na imputação que liga a prática de determinados atos a sanções, evidenciando uma cadeia normativa próxima do modelo kelseniano aplicada à saúde pública. Com isso,

[152] Neves, 2016, p. 56, 58.
[153] Neves, 2016, p. 59, 60.
[154] Faria, 1999, p. 13-15.

o debate entre certo e errado – se é melhor fornecer ou não determinado tratamento médico ou fármaco – não pode ser concebido como uma cruzada "ter ou não ter o direito", materializada no embate do bom juiz versus o mau administrador.[155]

Dessa maneira, a estagnação do pensamento positivista, tipificado ou não, termina em uma possível (ou não) adjudicação, materializando-se como resquício de uma ciência do direito formalista que há muito demonstra a sua estagnação para enfrentar parcela significativa do fenômeno jurídico. Necessita-se, pois, de uma teoria reflexiva, especulativa e crítica, que não se exima de ser interdisciplinar quando necessário e que seja capaz de dialogar com outros ramos do saber ao levar em conta a função e as condições de aplicação do direito positivo.[156]

5.5. Separação dos poderes como diferenciação sistêmica e não como instrumento de cegueira institucional

Historicamente, o Judiciário foi criado para representar a imagem de um Tribunal neutro, imune ao jogo político-econômico, ao mesmo tempo, materializado em uma organização burocrática pouco permeável a influências externas e insuscetível às demandas oriundas do ambiente social e fechado – centrado – em uma estrutura jurídica capaz de atender aos interesses de um Estado nacional e seus protagonistas – os poderes Executivo e Legislativo, nunca o Judiciário, seja em um regime liberal, seja em um regime social.[157] A globalização, contudo, foi responsável por iniciar o movimento de xeque-mate a essa dualidade descritiva ou impositiva à jurisdição. No plano econômico, o território perde primazia para a rápida mudança do capital, cada vez mais volátil e menos territorial. Politicamente, a partir dos blocos transnacionais, criaram-se organismos com força suficiente para relativizar a soberania estatal. Dito isso; a superação

[155] FARIA, 1999, p. 16.

[156] FARIA, 1999, p. 18-20. "Com humildade e autocrítica, é preciso compreender que, embora os paradigmas alternativos à dogmática jurídica não tenham sido ainda delineados com clareza, é chegada a hora de se pensar com grandeza e com um olho na História, buscando novas formas jurídicas para coordenar o pluralismo social, promover a justiça social e democratizar a vida coletiva no âmbito de uma sociedade estigmatizada pela pobreza e pelas contradições como a nossa. Ignorar essa realidade pode ser, para os juristas, um erro perigoso – aliás, como dizia Hobbes, o inverno é a verdade descoberta tarde." FARIA, 1999, p. 20.

[157] CAMPILONGO, 2002, p. 28.

do direito positivo dos Estados pelo direito dessas organizações é quase que protocolar.

A perda de importância do Estado nesse contexto gradativamente insere o Judiciário em um ambiente, no mínimo, desconhecido – para não dizer alarmante, em especial porque foi forjado para inicialmente defender o cidadão do Estado e, na sequência, ser o garantidor da eficácia dos direitos coletivos. Com isso, o sentido da decisão judicial deve ser construído pelo STF à luz de outros pressupostos e não o meramente dogmático.

A pesquisa se concentrou no âmbito da sociologia do constitucionalismo, com enfoque em temas constitucionais: direito à saúde e STF (razão da Corte), porém, servindo-se de pressupostos sociais extraídos da teoria social desenvolvida por Niklas Luhmann, em um processo circular, mas que pode ser pensado em termo de observação da sociedade (categorias sociais da teoria dos sistemas), da Constituição (direito à saúde, STF e separação dos poderes) e retorno à base social (categoria da teoria dos sistemas).

A separação dos poderes apareceu em alguns períodos como pano de fundo dos julgamentos analisados. A judicialização ainda remete ao referido princípio constitucional, todavia, recebe contornos muito diferentes, como se demonstrará a seguir.

A análise demonstrou que é possível classificar a separação dos poderes em três períodos. Primeiramente, foi utilizada como problema intransponível na legitimação da tutela judicial à saúde – o período se caracteriza por uma negação geral a qualquer demanda judicial que tivesse a pretensão de obrigar o Estado a fornecer medicamentos ou tratamentos. Identificou-se, nesse contexto, uma completa superioridade comunicacional da política em detrimento das comunicações decorrentes da sociedade e da ciência do direito. A grande maioria dos acórdãos analisados simplesmente não dialogam com os argumentos sociais e teóricos. O acoplamento não se configura. A operação de reflexão das decisões – ao menos visivelmente – não utiliza as comunicações que contribuem para a formação da sua racionalidade jurídica.

O material jurisprudencial também demonstra um período no qual as decisões judiciais não mais interpretam a separação dos poderes como obstáculo intransponível à intervenção judicial na saúde pública. Começa-se uma guinada de postura de não intervenção judicial em saúde para a intervenção total que hoje rege a forma de julgar da Corte Suprema. Esse segundo período traz como característica a configuração do acoplamento estrutural. Durante esse processo de mudança de postura racional, o Tribunal proferiu um conjunto de decisões que, até para justificar a mudança radical de mudança de postura, preocupou-se em demonstrar argumentação utilizada pelas partes litigantes, de modo que tanto a comunicação vinda do sistema político como a originada do sistema jurídico podem ser demonstradas na forma de um diálogo comunicacional. O conjunto de decisões que promove o acoplamento estrutural, no contexto da separação dos poderes e do direito à saúde, é exemplificado pelos seguintes paradigmas: Agravo Regimental na Suspensão de Liminar nº 47 - Pernambuco[158] e Agravo Regimental na Suspensão de Tutela Antecipada nº 175 - Ceará[159]. No entanto, também nessa plêiade de decisões, que demonstram a mudança de postura da Corte, há decisões que pouco ou nada dialogam com a comunicação vinda da política. Essas decisões do STF simplesmente ignoram os argumentos que emanam da política ou do direito. É possível encontrar interpretações de ambos os lados. Um conjunto de decisões muda de posição, porém, o faz de forma a ignorar os argumentos de uma das partes. Há decisões que simplesmente decidem de modo isolado da realidade argumentativa posta pelas partes. Tal proceder pode ser exemplificado pelos seguintes julgados: Agravo Regimental no Agravo de Instrumento nº 809.018 - Santa Catarina[160] e Agravo Regimental no Agravo de Instrumento nº 810.864 - Rio Grande do Sul[161].

[158] Brasil. Supremo Tribunal Federal. Ag. Reg. na Suspensão de Liminar nº 47 – Pernambuco. Tribunal Pleno. Relator Min. Presidente Gilmar Mendes. Brasília, DF, 17 de março de 2010. Disponível em: <http://redir.stf.jus.br/paginadorpub/paginador.jsp?docTP=AC&docID=610254>. Acesso em: 29 jan. 2018.

[159] Brasil. Supremo Tribunal Federal. Ag. Reg. na Suspensão de Tutela Antecipada nº 175 – Ceará. Tribunal Pleno. Relator Min. Presidente Gilmar Mendes. Brasília, DF, 17 de março de 2010. Disponível em: <http://redir.stf.jus.br/paginadorpub/paginador.jsp?docTP=AC&docID=610255>. Acesso em: 29 jan. 2018.

[160] Brasil. Supremo Tribunal Federal. Ag. Reg. no Agravo de Instrumento nº 809.018 – Santa Catarina. Primeira Turma. Relator Min. Dias Toffoli. Brasília, DF, 25 de setembro de 2012. Disponível em: <http://redir.stf.jus.br/paginadorpub/paginador.jsp?docTP=TP&docID=2914845>. Acesso em: 29 jan. 2018.

[161] Brasil. Supremo Tribunal Federal. Ag. Reg. no Agravo de Instrumento nº 810.864 – Rio Grande do Sul. Primeira Turma. Relator Min. Roberto Barroso. Brasília, DF, 18 de novem-

O terceiro período da racionalidade jurídica do STF remete à atualidade e traduz que a tutela protetiva da saúde é ofertada pelo Judiciário sem critérios bem claros ou sem qualquer preocupação em justificar o deferimento no âmbito do debate com o princípio da separação dos poderes. Na maioria dos pleitos analisados, percebeu-se que o Supremo julga sem fazer qualquer menção ao referido princípio, diferente do que ocorria outrora.[162] Constatou-se ainda que não há diálogo algum com os argumentos proferidos pela política.

Nesse diapasão, a separação de poderes é ignorada ou revogada pela completa ignorância comunicacional das decisões, ou seja, o princípio da separação dos poderes é completamente ignorado – não é citado, tampouco há distinção comunicacional; é como se não existisse. O ambiente comunicacional dessas decisões se encontra fechado – ou com pouca abertura –, não se tipificando o acoplamento estrutural. Nota-se, pois, a não abertura cognitiva na maioria das decisões à política. Daí se infere o porquê de a Corte ignorar o princípio em comento, forjado justamente para limitar os poderes e garantir voz em especial ao Legislativo e ao Executivo.

A separação dos poderes se tornou valor inerente ao constitucionalismo moderno. Raros são os casos de Constituições que não o adotam como estrutura basilar na relação entre os poderes. Ademais, valores, princípios e normas em geral, na sociedade complexa, quando não efetivados, perdem o seu valor de autoimplementação. As estruturas do poder são construídas com base nas organizações. O Judiciário é uma delas. O STF é a organização, por excelência, incumbida de construir o sentido, projetar e fazer valer o alcance das normas constitucionais.

A vagueza das normas constitucionais, de um lado, legitima a constante operação em busca do sentido interno ao direito; de outro, garante a manutenção dessas mesmas normas ao longo do tempo, considerando-as como positivas porque permitem a sua constante reconstrução num processo autopoiético de reflexão interna e adaptação ao que vem do externo. A principal pretensão da teoria dos sistemas é, sem dúvida, descritiva, ape-

bro de 2014. Disponível em: <http://redir.stf.jus.br/paginadorpub/paginador.jsp?docTP=TP&docID=7589406>. Acesso em: 29 jan. 2018.

162 BRASIL. Supremo Tribunal Federal. Ag. Reg. na Suspensão de Tutela Antecipada nº 818 – Minas Gerais. Plenário. Relator Min. Presidente Cármen Lúcia. Brasília, DF, 30 de junho de 2017. Disponível em: <http://redir.stf.jus.br/paginadorpub/paginador.jsp?docTP=TP&docID=13440669>. Acesso em: 29 jan. 2018.

sar de existirem traços de normatividade, notadamente na autonomia dos sistemas funcionais.[163]

5.6. Qual o limite da autorreferência do STF?

Os direitos fundamentais, enquanto expectativas de futuro, consubstanciam uma das possíveis contribuições da descrição sistêmica. As Constituições seriam, assim, formas de civilização da humanidade com garantias de um direcionamento ao futuro. O direito à saúde inserido na Constituição brasileira seria um direito fundamental que também pretenderia guiar o futuro. Mas, como indaga Giancarlo Corsi, será que há futuro (evolução) sem crítica? Quem tem coragem para criticar os direitos fundamentais?[164]

Esses questionamentos são bem atuais quando se estuda a razão de julgar dos tribunais em direito à saúde. Essa irretocável perspectiva de julgar o deferimento ou não da tutela jurisdicional à saúde é postura preocupante a longo prazo. A análise das relações intrassistêmicas é imprescindível para a efetividade da saúde. As decisões do direito vinculam a todos; entretanto, é crucial saber qual é o limite dessa obediência, a ser imposta aos demais sistemas sociais.

A propósito, todos os sistemas têm suas peculiaridades e diferenciações em relação a outros, evidenciando, desta feita, a seletividade que resulta na evolução social.[165] Para Luhmann, a comunicação de cada sistema é a forma como opera a sua independência funcional, que permite a sua reprodução (autopoiese). Por isso, quando as respectivas operações são influenciadas por outros sistemas até alcançar um estado de "corrupção" surge o fenômeno da desdiferenciação, que consiste justamente na "dissolução" da perda de unidade do sistema.

A constante "integração" da sociedade limita a dinâmica dos sistemas. Quando um sistema emite comunicação acaba influenciando direta ou indiretamente os demais subsistemas que fazem parte da sociedade. Tal influência é inevitável. Problema surge, no entanto, quando o nível de "irritação" é tão grande que exige do sistema afetado um aumento de

[163] Villas Bôas, 2009, p. 277; Luhmann, 2016, p. 41.

[164] *Sociologia da constituição.* Trad. Juliana Magalhães. In: Revista Jurídica Unigran, Dourados: Unigran, 2002, p. 110-112.

[165] Luhmann, 1995, 2010, 2016.

complexidade de suas operações. Acontecimentos particulares podem ser identificados em vários sistemas.

Esses mecanismos integradores são relevantes para compreender as irritações provocadas pela judicialização da saúde na política.

As interpretações dadas nas decisões dos tribunais são influenciadas pelo que acontece no ambiente do sistema jurídico.[166] Nos litígios, há casos frequentes de tentativa de buscar suprimir o déficit – incapacidade da política. A saúde, quando levada a juízo, potencializa a reflexidade do sistema jurídico, motivando a teoria do direito a sair da rotina para tentar – rotineiramente sem sucesso – repensar até aonde pode ir o juiz.[167]

Os tribunais, como responsáveis pelo fechamento operativo do direito – e por isso mesmo estão localizados no centro da operação sistêmica –, têm papel-chave na operação jurídica; todavia, não se sobrepõem em termos de "importância" aos outros sistemas parciais. Cada subsistema social tem sua função sistêmica; seu papel é igualmente importante na descrição do sistema global da sociedade. Não há hierarquia.[168] Por conta disso, ao cumprir a sua função de manutenção das expectativas normativas, o direito não pode romper a autopoiese dos demais subsistemas sociais. A comunicação jurídica não pode quebrar/interromper a autopoiese do sistema político, por exemplo, quando a sua operação comunicativa jurídica interfere de tal forma na comunicação política que chega a atrapalhar a autopoiese. A comunicação que entra no sistema político (da mesma forma que nos demais sistemas parciais) não pode corromper a operação fechada dos sistemas. A operação fechada da Administração Pública (política) não pode sucumbir à operação externa.

O limite de atuação do direito deve ser identificado pelos efeitos que produz nos outros sistemas. As operações jurídicas não podem romper a autopoiese de outro sistema, que acontecerá quando a comunicação for "corrompida", a ponto de gerar "quebra comunicativa". Esta "corrupção" pode ocorrer, no cenário da pesquisa, de duas formas. A primeira, quando o nível de complexidade social do subsistema afetado pela decisão jurídica se torna tão grande que a operação sistêmica não é capaz de suportar tal carga e, sem gerar comunicação, faz cessar o jogo comunicacional e como

166 Campilongo, 2000, p. 92.

167 Campilongo, 2000, p. 94.

168 Lima, 2012, p. 102; Neves, 2006, p. 10, 59, 60.

tal a relação sistêmica. A segunda forma diz respeito à "subversão" do código sistêmico em razão do controle pelo outro sistema. O direito, por exemplo, poderia atestar ou não a legalidade de determinada votação de projeto de lei pelo parlamento com fulcro na quebra de procedimento; contudo, a troca do código político (governo/oposição) pela binariedade jurídica (lícito/ilícito) seria considerada uma subversão de código. Casos isolados já seriam lesivos à autonomia funcional, porém, a reiteração dessa autonomia levaria à "corrupção" do código político.

5.7. Por uma proposta de racionalidade decisória

O processo de construção de sentido da decisão judicial em caso de inexistência de regulação expressa do direito positivo não é tema fácil de opinar. O cenário das controvérsias jurídicas já é repleto de confusões semânticas em casos de aplicação das leis, em especial quando pouco ou nada regulam a respeito do tema a ser submetido ao julgamento do Judiciário nos limites (e extensão) das ordens judiciais na concessão de tratamentos de saúde/medicamentos. Entretanto, esse tema é muito importante, sobretudo porque não há que se falar em lacuna decisória. Não decidir não é uma opção dada ao direito.

O processo decisório do direito envolve vários fatores. Aqui, em uma primeira análise, pretende-se apontar alguns desses fatores, compreendidos como pertinentes à formação da racionalidade jurídica diante da inércia legislativa.

A proposta do trabalho, resumidamente, é focada na construção do processo comunicativo judicial por meio de uma argumentação formal atrelada às regras, para, então, adequá-la aos valores sociais, com o sobrepeso da retórica substantiva dos princípios, inspirada em Marcelo Neves, em recente tese de sua titularidade, defendida na Universidade de Brasília (UnB).[169]

O ponto de partida é a relação entre os sistemas jurídico e político que propiciará uma forte e ininterrupta troca comunicativa entre ambos: um sistema influenciando o outro na tomada de decisão. Mais; um sistema

[169] NEVES, 2010, p. 156, 161, 172. Pontual a citação deste trecho da página 156: "[...] Na relação entre alter (o legislador) e ego (o tribunal constitucional), cada um dos lados parte da linguagem e dos critérios de cada um dos sistemas a que estão primariamente vinculados, a política e o direito. [...]".

submete o outro à sua decisão, porém cada sistema tem o seu papel bem definido. Então, para aferir com segurança até aonde um sistema pode ir ou não, será necessário mapear a natureza da respectiva comunicação, a função, o limite e a sua relação com os outros sistemas parciais em contato.[170]

Os sistemas são funcionalmente diferenciados – comunicações altamente especializadas: cada um exerce o seu mister dentro da sociedade. Ao sistema do direito resta a prestigiosa missão de manter as expectativas normativas ao longo do tempo. As comunicações sistêmicas devem ser emitidas sob o respectivo código, com a pretensão de lutar pela credibilidade social das normas. Ocorre, porém, que com a produção legislativa, valores morais foram institucionalizados, tornando-se normas jurídicas e, deste ponto em diante, o sacerdócio do sistema do direito é a generalização congruente dessas expectativas, que se tornam normativas com a sua positivação.[171]

As fronteiras limítrofes do direito são, exatamente, o código do sistema: lícito/ilícito. Elas são materializadas na dicotomia luhmanniana sistema/ambiente. Para ser considerada comunicação do sistema do direito, há a irrenunciável necessidade de a comunicação ser diferenciada pelo código, sob pena de simplesmente não ser comunicação jurídica.

A relação do direito com os outros sistemas parciais é comunicacional: cada um com sua respectiva função e sua forma comunicativa diferenciada. É uma relação de igualdade, mas com funções bem definidas.[172]

[170] NEVES, 2010, p. 195, 205-207. Eis o seguinte trecho do autor, p. 195: "[...] Quando se fala de judicialização da política e politização do direito pretende-se referir a um excesso, uma hipertrofia, em detrimento, respectivamente, do Estado de Direito e da democracia. Nesses termos, a autonomia e o funcionamento de ambos os sistemas ficam prejudicados. O jogo político entre governo e oposição, assim como a relação circular de legitimação entre povo, público, administração (em sentido amplo) e política, é afetado por excesso de intervenções judiciais (politização do direito). O judiciário fica direcionado muito estreitamente a fornecer respostas politicamente legitimadoras, vinculando-se fortemente à diferença entre governo e oposição".

[171] LIMA, 2012, p. 102; NEVES, 2006, p. 10, 59, 60.

[172] Para uma pontual constatação da evolução social das sociedades arcaicas às modernas, com menção à unidade comunicacional, ver NEVES, 2006, p. 1-25, sobretudo, p. 23-24. Ver também LIMA, 2009b, p. 35-45 e Brasil. Supremo Tribunal Federal. MI 712/PA. Relator Ministro Eros Roberto Grau. Brasília, DF. Julgado em 25.10.2007. Publicado em 31.10.2008. Disponível em: <http://redir.stf.jus.br/paginadorpub/paginador.jsp?docTP=AC&docID=558553>.

A decisão judicial deve ser o resultado de um processo reflexivo de interpretação interno do direito mesmo que não exista uma regra legal específica para o caso submetido a julgamento. Fala-se em "produção de textos com base em textos", revelando um processo circular no qual um representante do Estado-juiz, diante do caso concreto em que as partes apresentam uma tese e uma antítese, emitirá a síntese, cujo enunciado normativo é fruto da referida circularidade. Essa síntese é visualizada pelo Estado-juiz, inicialmente em face de determinada realidade fática descrita nas peças processuais. A tarefa seguinte é construir o discurso formal que subsume a aplicação das regras do direito àquela situação fática, para, por último, mesclar tudo com uma retórica substantiva, de ordem principiológica – note-se que aqui os princípios entram como tempero final, com o intuito de amoldar as arestas, e não o contrário.[173]

As decisões analisadas denotam a existência de uma panaceia principiológica, quer no plano teórico, quer na jurisprudência brasileira, muito em razão da hipercomplexidade social e também da falta de consistência teórica da cultura jurídica brasileira. Há um hábito de uso dos princípios, o qual, acrescido à grande quantidade de opções possíveis do processo de interpretação normativa, leva-nos a concordar com a conclusão de Neves de que se reclama um julgador que saiba lidar com o choque comunicativo entre regras e princípios no momento da concretude da norma geral à norma individual. Com isso, repele-se a postura judicial de apego extremado a ambos, seja às regras, seja aos princípios; o contrário levaria à inconsistência jurídica e/ou à inadequação social da decisão.

Não é demais alertar para o abuso da ponderação diante do caso concreto, em cujo excesso escora-se parte de respeitável doutrina, constitucional e filosófica, como a salvação do direito, quando mais parece o seu fim, pois deixaria nas mãos do aplicador do direito quase que "um cheque

Acesso em: 16 out. 2013: "41. Não há que se falar em agressão à 'separação dos poderes', mesmo porque é a Constituição que institui o mandado de injunção e não existe uma assim chamada 'separação dos poderes' provinda do direito natural. Ela existe, na Constituição do Brasil, tal como nela definida. Nada mais. [...]". Passível completamente de exegese, pode-se deste enunciado inferir.

173 Neves, 2010, p. 180-181, 195. Oportuna é a transcrição de Neves, 2010, p. 181: "[...] A justiça diz respeito ao processamento do paradoxo da decisão que seja, ao mesmo tempo, juridicamente consistente e socialmente adequado, envolvendo simultaneamente o abstrato e o concreto, o geral e o individual".

em branco", eliminando a consistência jurídica da decisão e, gradativamente, a sua legitimidade política.

O julgador, antes de decidir, deve realizar a leitura atenta dos fatos, prendendo-se aos detalhes com vagar, e depois subsumi-los ao direito posto, às normas constitucionais e infraconstitucionais, com destaque para regras positivadas que regulem diretamente questões relacionadas ao caso concreto ou situações análogas, e apenas nesse momento provocar o choque comunicativo com os princípios aplicáveis à lide, com o mote de servirem como guias interpretativos da realidade social – mesmo como instrumento de adequação social com limites objetivos (as regras).[174]

Poder é um meio de comunicação simbolicamente generalizado; transmite complexidade reduzida, da qual se pode deduzir um caminho a ser seguido pelas próximas seleções. Poder é comunicação com a complexidade já reduzida, da qual se pode abstrair que as próximas comunicações da sociedade serão influenciadas por ela. Para exemplificar: "alter" (detentor do poder), entre as possibilidades cabíveis ao caso, adere-se a uma delas; sua preferência influenciará o "ego" (submisso ao poder) não só naquele caso específico, como também poderá impulsionar novas decisões.

Dessa situação de interação estruturada, capta-se um símbolo, no qual se apoia uma unidade comunicativa como expressão de unidade catalisada, com base em uma generalização simbólica potencializada, visível no tradicional esquema binário luhmanniano, espaço onde se organiza a interação dos valores com as operações binárias.[175]

[174] NEVES, 2010, p. 219-222, 224-225. A tese é desenvolvida com base, inicialmente, numa metáfora mitológica entre o conflito de Hidra e Hércules, em que se elegeu o juiz Iolau para resolver a questão. Eis um trecho da conclusão que ementa a tese, conforme NEVES, 2010, p. 219: "[...] o Estado constitucional exige um juiz apto para enfrentar com sucesso, em cada caso, a relação paradoxal entre regras e princípios jurídico-constitucionais: nem um juiz-regra (hercúleo) nem um juiz-princípio (hidraforme). Na linguagem da teoria dos sistemas, poderia dizer-se: um juiz capaz de desparadoxizar o enlace circular entre princípios e regras nos diversos casos constitucionais. Chamarei esse juiz de Iolau". Sobre a generalização das expectativas, ver DE GIORGI, 1998b, p. 229-232. Precisamente sobre as expectativas normativas, ver DE GIORGI, 1998b, p. 230, 233-236.

[175] LUHMANN, 1990, p. 5, 7, 11, 13, 14-16, 19, 48-49; MANSILLA, Darío Rodríguez. Introducción. In: LUHMANN, Niklas (Org.). *Poder*. Traducción Luz Mónica Talbot. Barcelona: Anthropos, 1995. p. XXV.

O poder opera com o seu código comunicativo, todavia, no Estado Democrático de Direito, o poder reclama legitimidade quando exercido em desfavor da legalidade. Seu código binário une-se ao binarismo: legal/ilegal. Em razão dessa submissão à lei, garante-se a participação daqueles que não exercem o poder e, ao mesmo tempo, ordena-se a cooperação nas suas diferentes fontes. Acaba-se, assim, por obter um relativo consenso de valor porque o poder vinculado à norma jurídica se apresenta como técnica de uma democracia a ser implementada sob a moralidade constitucional.

Nesse processo circular dos valores inseridos pela Constituição no direito, acrescido à rotineira troca de comunicação entre os tribunais, fulgura uma perspectiva de autopoiese, em que as comunicações diferenciadas se reproduzem a e também suas estruturas, evidenciando um nítido espeque autopoiético, alimentado, nesse caso, pelas normas constitucionais e pela sua interpretação na aplicação a uma situação concreta, como por exemplo, no princípio da separação dos poderes, cuja exegese pode ser ora em sentido restritivo, ora no âmago da concretude jurídico-social.

A norma constitucional, então, enfileira-se como o grande limite cognitivo de aprendizagem da comunicação jurídica; tudo a ela se submete. Por isso, as outras normas hão de ser o fruto de sua vontade, interpretadas por quem de direito. No caso brasileiro, o seu hermeneuta privilegiado é o STF. A Constituição é descrita como limite sistêmico nos termos assentados por Marcelo Neves e os direitos fundamentais (incluídos os sociais) são impostos ao sistema jurídico na forma de garantia à desdiferenciação. Deste modo, o Estado-juiz afigura-se como limitador do poder político pela legalidade e como responsável pela garantia do exercício do pluralismo dos poderes republicanos e da circularidade procedimental do Estado Democrático de Direito, no formato alinhavado por Marcelo Neves. Por essas digressões ecoa o seu paradoxo: ao mesmo tempo, limita e garante o poder.[176]

[176] NEVES, 2007, p. 71-78, 80-82, 105-106, 185-196. Em especial, ver p. 105: "[...] Através dela, o código do poder é associado ao código jurídico, procedimentos de decisão política são conduzidos pela via do direito. [...] Envolve, portanto, a realimentação circular entre legislação e jurisdição. [...].", p. 106: "[...] Por um lado, a especialização constitucional das funções limita juridicamente o poder, intensificando-o. Por outro, vincula o direito às decisões políticas, fortificando-lhe a autonomia. [...]", e p. 186: "Nesta perspectiva proponho uma releitura do

A evolução dos sistemas parciais – e aqui concentrado no direito – aparece desde cedo na obra de Luhmann. Em 1972, com a publicação do Rechtssoziologie (Sociologia do Direito, publicado no Brasil em 1983), o autor apresenta uma relação direta com a evolução do sistema social, demonstrável por meio de suas estruturas. Ademais, a inserção da autopoiese na teoria dos sistemas (conhecida equivocadamente como virada autopoiética) caminhou para uma evolução comunicacional dentro da teoria, segundo a qual a dinamização da operação faz com que a autopoiese se dê em toda operação, sequencialmente falando, de momento em momento.[177]

A análise da evolução por meio de um esquema tripartido – variação, seleção e restabilização – leva à ideia de coevolução dos sistemas quando a comunicação indica essa troca comunicacional. Ambos os sistemas (jurídico e político) evoluem com a troca de comunicação. Quando, porém, não se identificar qualquer traço comunicacional dessa troca, no futuro aparecerão trocas de sentidos, quase que inexplicavelmente considerados pré-avanços, os quais, a propósito, podem ser concebidos como mudanças de sentido da comunicação, sem alterações prévias na programação do sistema parcial em questão.[178]

Se as invenções (pré-avanços) se mostrarem estáveis a ponto de se consolidarem como soluções de problemas, fala-se em aquisições evolutivas.[179] Existiria, assim, um nexo entre os meios de difusão da comunicação como, por exemplo, a escrita e a própria evolução do direito. Ainda, nessa linha, vale dizer que somente pela escrita a particularidade prática do direito é demonstrável; quer dizer, o raciocínio jurídico é evidenciado, demonstrável pela escrita e a partir daí lembrado, apreendido e repensado, numa escala evolutiva.[180]

Por outra perspectiva, pode-se afirmar que a escrita é parte considerável da comunicação jurídica[181]; consequentemente, a repetição de determinados ideários jurídicos, e sobretudo a sua contestação levará à inovação. Naturalmente, por outro ângulo, a falta da escrita leva a uma não evolu-

discutível princípio da 'separação de poderes' como princípio da pluralidade e circularidade de procedimentos do Estado de Direito".

177 Vesting, 2015b, p. 290, 291.

178 Vesting, 2015b, p. 293-295.

179 Vesting, 2015b, p. 294, 295.

180 Vesting, 2015b, p. 296.

181 Vesting, 2015b, p. 297.

ção da teoria jurídica, seja a dogmática jurídica, seja a teoria do direito. Ambas as formas de autodescrição sistêmica se baseiam na escrita. Ainda, poder-se-ia dizer que a não distinção – não conhecimento – dos argumentos oriundos do Estado nacional resulta da nova ordem formada por esses novos agentes econômicos, que acabam criando uma nova ordem fragmentada. Essa ideia, de início, volta-se quase exclusivamente para o direito internacional: ordens privadas internacionais que seriam fortes para se impor às ordens nacionais.

Para o escopo desta pesquisa interessa indagar se as mencionadas ordens privadas internacionais – aqui representadas por multinacionais farmacêuticas – teriam o poder de travar a ordem interna a ponto de o Estado, por meio da política, não conseguir ser ao menos ouvido. A força normativa de direito a novos remédios produzidos por tais grupos teria chegado a um grau elevado, a ponto de excluir os argumentos originados da política e até mesmo de serem ouvidos. Esse é um debate que no âmbito desta pesquisa só tem espaço para ser tratado de forma superficial, haja vista a sua dimensão, que exigiria uma investigação à parte, a fim de se chegar a resultados confiáveis. Mas, nesses limites, parece que os conflitos judiciais relacionados ao direito à saúde devem ser vistos pelos prismas individual (quem pede determinado fármaco ou tratamento), coletivo (a população em geral, que necessita saúde pública) e da Administração Pública (gestora dos recursos e responsável pelo oferecimento da saúde aos indivíduos). Forma-se, assim, um plano de análise intersistêmico que identifica um choque entre o sistema do direito, o sistema de saúde, o sistema econômico e o sistema político.

Ao mesclar ambas as abordagens, nota-se que a economia, o direito e o poder (política) atuariam buscando inserir mandamentos bloqueadores do processo de construção autônomo da identidade do direito enquanto sistema social, dentro da sociedade. A influência comunicacional que tem origem no meio ambiente (incluindo economia e poder) deveria ser inserida no processo de seletividade, irritando a comunicação (sob o vernáculo sistêmico) para resultar em decisão fruto de uma escolha contingente, passível de evolução.[182]

[182] Sobre o choque sistêmico, ver NEVES, Marcelo. Justicia y diferencia em uma sociedad global compleja. Doxa. *Cuadernos de Filosofía del Derecho,* Alicante, Biblioteca Virtual Miguel de Cervantes, nº 24, 2001. p. 164.

Esses aportes não são uma miscelânea social de códigos e critérios para dificultar a compreensão do problema. Trata-se de uma modernidade negativa em razão da falta de identidade sistêmica. O direito não teria autonomia suficiente para realizar suas operações a partir da sua própria binariedade, com força para lidar com as irritações interssistêmicas vindas do ambiente como meras influências que serão processadas internamente ao sistema jurídico.[183]

A teoria sistêmica de Niklas Luhmann identificou a comunicação como operadora central dos sistemas sociais, cuja *autopoiesis* é considerada como a *autopoiesis* da comunicação devido ao fato de a teoria dos sistemas autopoiéticos (propostos por Luhmann em âmbito social) reclamar a indicação precisa das operações para delimitar o sistema em face dos demais, o que é realizado justamente mediante a comunicação social. Dito assim, quem determina qual é a operação constituinte dos sistemas parciais é a respectiva comunicação.[184] E como disse Luhmann, comunicar significa operar seleções.[185]

A análise do processo comunicativo parte da improbabilidade da comunicação e de como o processo de seleção contribui para a redução da complexidade social. Cada sistema social, mediante seleções comunicativas, especializa-se, contribuindo para a solução de problemas específicos da sociedade. Os sistemas observam a si e aos outros. Dessa forma, dirigem as suas operações para reduzir a complexidade social pela respectiva comu-

183 NEVES, 2001, p. 164-166.

184 Cf. LUHMANN, Niklas. *Introducción a la teoría de sistemas*. México: Universidad Ibero Americana, 1996a. p. 216. A teoria da comunicação luhmanniana não concebe o conceito de comunicação nos moldes preconizados pela tradicional teoria da comunicação, a começar pela descrença na sua efetivação. Por essa teoria, comunicar não significa transferir informações; pelo contrário, é um acontecimento improvável, por não haver garantia alguma de que a mensagem transmitida é a mesma que será recebida.

185 Cf. MARCONDES FILHO, Ciro. Niklas Luhmann, a comunicação vista por um novo olhar. In: LUHMANN, Niklas. *A realidade dos meios de comunicação*. Tradução Ciro Marcondes Filho. São Paulo: Paulus, 2005. p. 7. Ver SCHUARTZ, 2005, p. 111: "Comunicação não deve ser tratada como um processo de transferência de algo (informação, por exemplo) por parte de alguém a outrem". Sobre a improbabilidade da comunicação, ver LUHMANN, 2006; DE GIORGI, 1998b, p. 61.

nicação. Então, por exemplo, o sistema jurídico só irá comunicar pelo i/l, e o sistema político pela sua especificidade comunicativa, qual seja, g/o.[186]

A tese central da teoria sistêmica é a de que somos sistemas autopoiéticos, autorreferenciais e compostos por comunicação. Trata-se, pois, de autorregulação, de auto-observação e hetero-observação. Os sistemas sociais são constituídos por operações comunicativas. A operação da comunicação só se conecta com operação comunicativa, não se trata a comunicação como atividade, mas como encadeamento de acontecimentos.[187]

O sistema social decorre do processo de formação da comunicação. Ele é o resultado das operações comunicativas. É neste sentido que Luhmann afirma ser a sociedade formada por comunicações, cuja operação garante a unidade dos sistemas, que, por sua vez, processam seleções e reduzem a complexidade.[188]

O processo comunicativo implica comunicação que se liga à outra comunicação, e assim por diante. O processo comunicativo configura uma linha sucessiva de comunicações. O sistema processa de forma fechada;

[186] Cf. Izuzquiza, Ignacio. Introducción. In: Luhmann, Niklas (Org.). *Sociedad y sistema*: la ambición de la teoria. Traducción Santiago Lópes Petit; Dorothee Schmitz. Barcelona: Paidós, 1990. p. 28-29. Guibentif, Pierre. A comunicação jurídica no quotidiano lisboeta. Proposta de abordagem empírica à diferenciação funcional. In: Arnaud, André-Jean; Lopes Jr, Dalmir Lopes (Org.). *Niklas Luhmann*: do sistema social à sociologia jurídica. Traduções Dalmir Lopes Jr.; Daniele Andréia da Silva Manão; Flavio Elias Riche. Rio de Janeiro: Lumen Juris, 2004. p. 191: "Uma comunicação jurídica, isto é, a expressa (e sua recepção) de uma pretensão, põe em jogo a distinção 'em conformidade com o direito/contrário ao direito'". Sobre a autorreferência comunicativa dos sistemas, ver Villas Bôas Filho, Orlando. *O direito na teoria dos sistemas de Niklas Luhmann*. São Paulo: Max Limonad, 2006. p. 147-166.

[187] Cf. Guibentif, 2004, p. 178-180. Luhmann, Niklas. Sistemi sociali. Traduzione Alberto Febbrajo; Reinhardt Schmidt. Bolonha: Mulino, 1990. p. 259, 267. Sobre a sociedade como sistema autorreferencial, autopoiético e formado de operações comunicativas, ver Izuzquiza, 1990, p. 25.

[188] Cf. Amado, Juan Antonio Garcia. A sociedade e o direito na obra de Niklas Luhmann. In: Arnaud, André-Jean; Lopes Jr, Dalmir Lopes (Org.). *Niklas Luhmann*: do sistema social à sociologia jurídica. Traduções Dalmir Lopes Jr.; Daniele Andréia da Silva Manão; Flavio Elias Riche. Rio de Janeiro: Lumen Juris, 2004. p. 304: "O sistema social aparece, como acabamos de ver, desde o momento em que um evento articula os indivíduos através de seu sentido partilhado, e tem com ele o caráter de comunicação". Ver Luhmann, 1990, p. 80-133. Também, sobre a unidade do sistema provocado pela comunicação, ver Luhmann, Niklas. *Complejidad y modernidad*: de la unidad e la diferencia. Madri: Trotta, 1998. p. 42-43.

somente a sua comunicação opera; se não há comunicação, não existe sistema.[189]

A comunicação é concebida sistemicamente como estrutura triádica: informação, comportamento comunicativo e compreensão. A primeira diz respeito a um evento que altera o estado das coisas; quer dizer, a informação não é algo que existe em si mesma e já estaria pronta para ser transferida. Ela é fruto de uma seleção do sistema; segundo Luhmann, uma "seleção surpreendente", constituída internamente como surpresa, o que significa que a informação repetida não é considerada informação, pois teria perdido o seu valor comunicativo.[190] Ainda sobre a informação no processo de comunicação, os participantes precisam tomar a decisão a respeito da informação a ser comunicada – às vezes, por mais de uma vez dentro do processo comunicativo –, o que nada mais é do que a resposta à pergunta: o que vai ser comunicado? Ela deve ser tomada por ambos os participantes da comunicação. Ora, enquanto o comportamento comunicativo referido acima diz respeito à escolha da atitude que se utilizará para comunicar, a compreensão é ligada à capacidade de assimilar a mensagem de quem a recebe.[191] A comunicação só ocorrerá quando *ego* compreende que *alter* comunicou uma informação – Luhmann usa essas expressões para representar emissor e receptor no processo comunicativo. A comunicação não é entendida como processo de compreensão plena, contudo *ego* tem que perceber a diferença entre as duas seleções emitidas por *alter*. De todo modo, o emprego de signos linguísticos no processo comunicativo, *alter* e *ego* não poderão negar a comunicação porque a partir deles os distúrbios provocados pelos signos serão identificados por outra comu-

189 Sobre o processo de comunicação, ver Amado, 2004, p. 304: "Ali onde existe comunicação há sociedade; onde não se opera mediante comunicação não existe sistema social". A respeito dos outros componentes da sociedade, ver, do mesmo autor, p. 305-306. Pela composição da sociedade por comunicação e não pelos seres humanos, ver Izuzquiza, 1990, p. 27 e também Luhmann, 1990, p. 216.

190 Cf. Schuartz, 2005, p.111-112. Ver Luhmann, 1998b, p. 220. Sobre a concepção luhmanniana de comunicação, ver Villas Bôas Filho, 2006, p. 151-152.

191 Schuartz, 2005, p. 113-114. Ver Luhmann, 1990, p. 220-221. O que não significa que a sociedade não possua mais nada do que comunicação. A sociedade distingue-se pela comunicação sob o pano de fundo do seu meio, do qual fazem parte a vida orgânica, os sistemas psíquicos dos indivíduos e o substrato físico da matéria. Parafraseando Luhmann: a sociedade não se compõe de pessoas, mas das comunicações oriundas delas e os sistemas vivos surgem à medida que as pessoas se inter-relacionam.

nicação. A comunicação torna-se reflexiva: operação comunicativa provoca operação comunicativa, sempre mediante a linguagem.[192] Com isso, a comunicação se efetiva com a utilização de meios simbolicamente generalizados. A linguagem, que facilitará a comunicação pela normalização da seleção, e os meios de difusão (estes asseguram que a comunicação atinja um grande número de destinatários) viabilizarão a reprodução autopoiética dos sistemas sociais, transformando improbabilidades comunicativas em probabilidades.[193]

Pensando de forma normativa, e pelo viés sistêmico, espera-se que as supremas cortes promovam conexões estruturais e intersistêmicas na perspectiva da funcionalidade dos subsistemas envolvidos no julgamento. Isso, porém, só se concretizará com a sua potencialidade sistêmica e se o acoplamento ocorrer; do contrário, o nível de cognição será baixo demais para gerar informação suficiente para alimentar o processo autopoiético que resultará em uma comunicação mais apropriada à complexidade social.

A Corte Suprema tem, sim, condição de deslindar de forma mais adequada os problemas inerentes à judicialização da saúde, notadamente porque os tribunais constitucionais são os órgãos mais políticos do direito e, ao mesmo tempo, são os mais jurídicos da política. A posição privilegiada do Supremo Tribunal Federal, com sua potencialidade de reflexão, poderia emitir comunicação capaz de momentaneamente estabilizar a relação entre os sistemas parciais (especialmente política, economia e direito) de forma a equilibrar as relações.[194]

Esse possível acoplamento estrutural – e ainda não tipificado, na dimensão pensada por Niklas Luhmann – auxiliaria a Corte, por exemplo, a notar, dialogar e até compreender a comunicação proveniente da economia. Afinal, o mercado é incontrolável, muitos produtos têm valores altíssimos, e não demonstra o menor compromisso com a escassez de recursos do Estado para execução das políticas de saúde. Dito de outra forma, furtando-se à compreensão da dinâmica do mercado, o Supremo

[192] SCHUARTZ, 2005, p. 118-119.

[193] SCHUARTZ, 2005, p. 122: "Linguagem e meios de difusão são conquistas evolutivas que viabilizam a solução de problemas associados à continuidade da reprodução autopoiética de sistemas sociais". Ver outros comentários do autor na página 118.

[194] FEBBRAJO, 2016.

corre sério risco de ser manipulado, seja pelos distintos agentes pró e contra o mercado, seja ainda por interesses individuais, em desfavor dos direitos coletivos.

A melhor comunicação não é contra nem a favor do mercado; a melhor comunicação dependerá de uma análise contextual, fruto de uma reflexão sistêmica que para ser proveitosa precisa conhecer e dialogar com as informações dos sistemas envolvidos nos seus julgamentos.

Na mesma linha, tutelar direitos subjetivos e coletivos ao mesmo tempo não é tarefa fácil. A tutela de ambos os direitos requer uma racionalidade não hierárquica, não linear, e compreensão de um sem-número de informações e de normas diferentes. Contudo, quando a Administração Pública recebe uma carga muito elevada de complexidade social, como por exemplo o aumento da quantidade de fármacos e de tratamentos que é obrigada a disponibilizar, coloca-se em dúvida a capacidade da dogmática jurídica de lidar com o tema. Não se pode olvidar que a globalização dos métodos de combate às doenças fez com que o anterior processo burocrático, hierárquico e pouco interdisciplinar que caracteriza a dogmática jurídica fosse colocado completamente em xeque, fora de linha e pouco apto para julgar essa nova realidade social.

Todo conhecimento traz na sua base uma distinção, uma observação visualizada numa diferenciação.[195]

A resposta ao problema de pesquisa relativo ao limite da intervenção jurídica na saúde pública brasileira pode ser assim formulada: depende dos limites operativos do sistema afetado pela comunicação jurídica. A maior ou menor capacidade do sistema de lidar com a complexidade inserida pelo direito seria o limite da operação jurídica. Então, como seria constatada essa análise? Seria constatada pela heterorreferência que todos os sistemas reclamam ter com seu ambiente. Isso só se realiza graças a tão polêmica assertiva luhmanniana: "sistemas operativamente fechados e cognitivamente abertos".

A abertura cognitiva dos sistemas ao ambiente será responsável pela constante adaptação interna à complexidade externa. Esse diálogo comunicacional é imprescindível para o direito não impor influência operacional impossível de outro sistema cumprir, bem como não trocar a comunicação diferenciada de outros sistemas pela diferenciação jurídica. Isso, de fato,

195 Luhmann, 2016, p. 35.

parece acontecer nos casos analisados nesta pesquisa, nos quais gravitam três sistemas interessados: direito, política e economia. Quando os tribunais, por força do exercício da tutela jurisdicional, determinam se a saúde pública deve ou não fornecer certos benefícios, eles ameaçam não só a sua autonomia funcional, o seu procedimento específico, mas também a própria sobrevivência, pois o sistema de saúde não pode proporcionar benefícios a partir de recursos que são escassos. Provavelmente, apenas uma maior sofisticação da legislação em matéria de saúde e, portanto, um aumento da complexidade que este sistema é capaz de lidar (definição detalhada de saúde/doença e quantidade de recurso/dinheiro que pode ser gasto para dar efetividade ao direito constitucional à saúde, e assim por diante) pode preservar a sua independência operacional e limitar a influência eventualmente recebida de outros sistemas, em particular do direito. Mas isso requer a iniciativa do sistema político.

Como observado por Luhmann nas páginas finais de *Die Gesellschaft der Gesellschaft,* esse pensamento invoca um problema mais geral, alusivo aos mútuos encargos dos sistemas parciais – "até o limite de capacidade de adaptação estrutural dos sistemas de função para a sua própria diferenciação", com os desequilíbrios (*Unausgewogenheiten*) decorrentes, para pôr em causa o conceito de "modernização" a que estamos acostumados.[196] Isso acontece, embora em graus variados, tanto no tradicionalmente chamado "Ocidente", como nos países nominados "em desenvolvimento". Também por esse motivo, a teoria é chamada a responder.

Nesse aspecto, o direito está interessado no assunto, não só quanto a seus limites externos e seus efeitos sobre outros subsistemas, mas também em relação à sua autonomia funcional. O tema é relevante – e urgente – para a pesquisa jurídica, em especial para os sociólogos do direito.

A importância das normas constitucionais na sociedade atual é quase um lugar comum. Há um aculturamento consolidado a respeito do valor de tais normas na estrutura jurídica brasileira, por exemplo. A sua eficácia está abaixo das expectativas sociais. Os dois sentimentos são claros na cultura jurídica moderna.[197]

É possível pensar a intervenção judicial em saúde pública movida por uma cultura jurídica orientada para as análises microssocial e macrosso-

196 LUHMANN, 1997, p. 1087.

197 FEBBRAJO, 2018, p. 263.

cial. Dito isso, os julgamentos deveriam manter o diálogo entre um olhar do caso concreto e um olhar mais amplo focado na relação das decisões judiciais com a sociedade e nos efeitos mais benéficos que elas geram nos demais sistemas sociais como a política.[198]

Alberto Febbrajo pondera que a efetivação dos direitos constitucionais exige na maioria dos casos uma cultura jurídica guiada pelos olhares micro e macro, de modo que o interesse jurídico dialogue com o interesse social representado pelos demais sistemas sociais por meio de operações jurídicas. Trata-se de um balanceamento entre os interesses individuais e o coletivo.[199]

A temática da judicialização da saúde é deveras relevante na agenda de estudos e obrigatória na sociologia do direito, sobretudo por meio da sua sociologia das constituições, a qual seguramente contribuirá para o funcionamento da democracia brasileira.[200]

5.8. Não ver aquilo que todos veem: abertura ao enfraquecimento do código do Direito

Em 2015, a Justiça brasileira custou aos cofres públicos R$79,9 bilhões de reais, precisamente 1,3% do PIB do país, para gerir um passivo processual de 73,9 milhões, dos quais 80% tramitam na Justiça dos estados da federação. Comparados esses valores com os de 2014, verifica-se um aumento de 4,2% na quantidade de ações em andamento.[201] Significa dizer que, se de um lado a Justiça é necessária no Brasil, de outro denota que atualmente a população brasileira acessa a Justiça como nunca antes registrado.

Desse quadro, extrai-se a seguinte indagação: como justificar gastos tão elevados para manter um aparato judicial em um país que convive com índices de pobreza, de carência de remédios e de médicos em níveis tão elevados? A resposta mais premente é voltada para a garantia dos direitos. A preservação dos direitos seria a forma de legitimação social do Poder Judiciário. Direitos e privilégios, ambos, seriam formas de rotular benefícios deferidos aos cidadãos que buscaram judicializar a saúde.

198 FEBBRAJO, 2018, p. 264.

199 FEBBRAJO, 2018, p. 264, 265.

200 FEBBRAJO, 2018, p. 266.

201 FREITAS, Marcelo. Mais caro, Judiciário acumula 73,9 mi ações. *Metro,* São Paulo, 18.10.2016. p. 6.

A primeira hipótese, dos direitos, é entendida como benesse concedida de forma distributiva, ofertada genericamente para abranger todos aqueles que se encontrarem em situação idêntica. De modo inverso, os privilégios abrangeriam algumas pessoas dentro de uma classe maior. Todo cidadão que estivesse na mesma condição deveria ter direito ao mesmo fármaco. No entanto, se apenas um pequeno grupo dentro de um grande quadro de sujeitos, que deveria ter acesso à determinada droga farmacêutica, encontra um caminho para atingir tal benefício, isso se torna um privilégio e não um direito.

Ao julgar direitos distributivos – como a saúde – como se fossem direitos adjudicatórios, o STF oferta privilégios aos jurisdicionados contemplados, criando duas filas no SUS: uma para pacientes com liminar judicial, outra para pacientes sem liminar.

Com base nesse raciocínio, as decisões individuais que reiteradamente outorgam remédios e tratamentos a quem os reivindica judicialmente não só diferenciam determinados sujeitos do todo (sociedade) como retiram fundos do coletivo. Esse quadro, que tende a agravar a situação da coletividade em favor de pleitos individuais, na verdade, está garantindo a manutenção de privilégios e não a distribuição equânime do direito à saúde constitucionalmente previsto; quer dizer, os juízes escolhem poucos em detrimento de muitos.[202]

Em sentido similar, em editorial, o Jornal Folha de São Paulo já apontou o desequilíbrio do agir dos poderes públicos ligados à Justiça como algo quase patológico: desequilíbrio e onipotência em alta, em desfavor do senso de proporção e de respeito aos valores republicanos.[203]

[202] VIEIRA, Oscar Vilhena. Direito e privilégios. *Jornal Folha de São Paulo*, São Paulo, 15 out. 2016. p. B6.

[203] FOLHA DE SÃO PAULO. *Patologia judicial.* São Paulo, Editorial, 11 out. 2016. José Eduardo Faria desenvolve interessante raciocínio sobre "fins sociais" e "bem comum" previstos pela Lei de Introdução ao Direito, sob a perspectiva da desigualdade econômica do país. Como se poderia pensar em bem comum numa sociedade em que 20% dos mais ricos detêm 66% do poder aquisitivo, o que gera o índice alarmante de que 64% da população estariam em extrema pobreza. A gritante diferença faz com se impossibilite qualquer tipo de consenso a respeito do bem comum. Cf. FARIA, José Eduardo. A cultura e as profissões jurídicas numa sociedade em transformação. In: NALINI, José Renano (Org.). *Formação jurídica.* 2ª ed. revista e ampliada. São Paulo: Revista dos Tribunais, 1999. p. 17.

A força que alguns agentes econômicos têm no cenário transnacional faz com que autores do porte de Günter Teubner defendam uma fragmentação de ordens. Aponta uma possível constitucionalização econômica; um constitucionalismo econômico além do Estado. Por certo, haveria *organizações* que deixariam o plano de influenciadores no processo de jurisdização para criar verdadeiras constituições civis: uma nova ordem com efetividade constitucional, apesar de não possuir legitimidade política, formada a partir da própria expertise, com fulcro na sua reputação e na sua capacidade de resolver problemas.[204]

O ideário de Teubner poderia ser visualizado numa espécie de Bukowina global (Bukovina é a cidade onde vivia Eugen Ehrlich à época da formação do seu pensamento sociológico), ou seja, a ideia de que o direito a partir das organizações sociais possibilitarão relações mais fortes que o próprio direito estatal. Trata-se de uma relação cuja diferenciação acaba impondo-se a outras ordens. Esse raciocínio denota um direito fragmentário materializado em ordens normativas com mais eficácia social do que o direito em si. Esse ideário é construído, inicialmente, tendo como exemplo a *lex mercatoria* e a FIFA. Neste último, as relações desportivas são reguladas por ordens normativas civis que se impõem na maioria dos países do mundo até mesmo contra a ordem legal de vários Estados soberanos. Günther Teubner pretende, com o exemplo, comprovar a existência dessa ordem normativa. A *lex mercatoria* é o predomínio dos acordos comerciais em relação às regulações estatais. O resultado é uma lógica minimalista do Estado, que surge para dar espaço à lógica do predomínio das organizações sociais, a ponto de se falar em direito global sem Estado, não entendido como direito internacional.

Essas assertivas suscitam novas indagações: a indústria farmacêutica mundial seria mais um exemplo dessa fragmentação do direito? Seria possível formar um campo social com autonomia para impor a sua organização interna aos outros sistemas, como por exemplo o direito? Os laboratórios teriam capacidade de impor aos países as suas novas tecnologias?

[204] AMATO, Lucas Fucci. Direitos humanos e sistema econômico: estrutura e semântica deum fragmento constitucional global *Revista Brasileira de Sociologia do Direito,* Porto Alegre, ABraSD, v. 2, nº 2, p. jul./dez., 2015. p. 150-151; TEUBNER, Günter. Ordinamenti frammentati e costituzioni sociali. Traduzione di Maria Rita Bartolomei *Rivista giuridica degli studenti dell'Università di Macerata.* Macerata, p. 45-57, 2010. [ISSN 2038-7415 (print)/ ISSN 2038-7423 (online)].

Essas questões, vale dizer, vieram à tona com a pesquisa, mas fogem do seu principal objetivo. Contudo, fica claro que não distinguir os argumentos vindos da política a respeito do custo dos medicamentos demandados, das opções mais baratas e, muitas vezes, da não comprovação da utilidade medicinal da nova droga ofertada nos 100% dos casos analisados por um grande laboratório multinacional, é motivo de enfraquecimento do código jurídico, em especial quando ignora a elevada expertise oriunda dos laboratórios altamente especializados em novos fármacos.

Poder-se-ia, então, dizer que a não distinção – não conhecimento – dos argumentos oriundos do Estado nacional resulta da nova ordem formada por esses novos agentes econômicos, que acabam criando uma nova ordem fragmentada. Essa ideia, de início, volta-se quase exclusivamente para ordens privadas internacionais suficientemente fortes para se imporem às ordens nacionais.

REFERÊNCIAS

Amado, Juan Antonio Garcia. A sociedade e o direito na obra de Niklas Luhmann. In: Arnaud, André-Jean; Lopes Jr, Dalmir Lopes (Org.). *Niklas Luhmann*: do sistema social à sociologia jurídica. Traduções Dalmir Lopes Jr.; Daniele Andréia da Silva Manão; Flavio Elias Riche. Rio de Janeiro: Lumen Juris, 2004.

Amato, Lucas Fucci. Direitos humanos e sistema econômico: estrutura e semântica deum fragmento constitucional global. *Revista Brasileira de Sociologia do Direito*, Porto Alegre, ABraSD, v. 2, nº 2, p. 150-161, jul./dez., 2015.

Andrade, José Carlos Vieira de. *Os direitos fundamentais na Constituição Portuguesa de 1976*. Coimbra: Almeida, 1987.

Ascensi, Felipe Dutra. Judicialização ou juridização? As instituições jurídicas e suas estratégias na saúde. *Physis* (online). 2010, vol. 20, nº 1, p. 33-55.

Aquino, Ruth de. O corredor da morte nos hospitais. *Revista Época*, São Paulo, Globo, 16/12/2013, p. 122.

Augsberg, Ino. Fé e Conhecimento no Direito. In: Fortes, Pedro; Campos, Ricardo; Barbosa, Samuel (Org.). *Teorias contemporâneas do direito*. Curitiba: Juruá, 2016. p. 221-235.

Brasil. Advocacia Geral da União. Consultoria Jurídica/Ministério da Saúde. *Intervenção judicial na saúde pública*. Panorama no âmbito da Justiça Federal e apontamentos na seara das Justiças Estaduais. [s.d.] Disponível em: <http://portalsaude.saude.gov.br/portalsaude/arquivos/pdf/2013/Jun/14/Panoramadajudicializacao_2012_modificadoemjunhode2013.pdf>. Acesso em: 18 out. 2013.

–. Conselho Nacional de Justiça. *Justiça em números 2014*: ano-base 2013, p. 39. Disponível em: <http://ftp.cnj.jus.br/Justica_em_Numeros/relatorio_jn2014.pdf> Acesso em: 7 fev. 2016.

–. Supremo Tribunal Federal. *Ag.R no Agravo de Instrumento ao Recurso Extraordinário nº 894.085/SP*. Relator Ministro Roberto Barroso. Brasília, 15.12.2015. Disponível em: <http://redir.stf.jus.br/paginadorpub/paginador.jsp?docTP=TP&docID=10275124.>. Acesso em: 20 fev. 2017. p. 3.

–. Supremo Tribunal Federal. *AgR no RE 831.915/RR*. Primeira Turma Relator Ministro Luiz Fux. Brasília, 5 de abril de 2016. Disponível em: <www.stf.jus.br/portal/inteiroTeor/obterInteiroTeor.asp?idDocumento=10879141>. Acesso em: 20 fev. 2017.

–. Supremo Tribunal Federal. *AgR no RE 926.469/DF*. Primeira Turma Relator Ministro Roberto Barroso. Brasília, 7 de junho de 2016. Disponível em: <www.stf.jus.br/portal/processo/verProcessoPeca.asp?id=309759747&tipoApp=.pdf> Acesso em: 20 fev. 2017.

–. Supremo Tribunal Federal. *AgR no 943.547/RN*. Primeira Turma Relator Ministro Gilmar Mendes. Brasília, 17 de maio de 2016. Disponível em: <www.stf.jus.br/portal/processo/verProcessoPeca.asp?id=309622477&tipoApp>. Acesso em: 20 fev. 2017.

–. Supremo Tribunal Federal. *Ag. Reg. na Suspensão de Liminar nº 47 – Pernambuco*. Tribunal Pleno. Relator Min. Presidente Gilmar Mendes. Brasília, DF, 17 de março de 2010. Disponível em: <http://redir.stf.jus.br/paginadorpub/paginador.jsp?docTP=AC&docID=610254>. Acesso em: 29 jan. 2018.

–. Supremo Tribunal Federal. *Ag. Reg. na Suspensão de Tutela Antecipada nº 175 – Ceará*. Tribunal Pleno. Relator Min. Presidente Gilmar Mendes. Brasília, DF, 17 de março de 2010. Disponível em: <http://redir.stf.jus.br/paginadorpub/paginador.jsp?docTP=AC&docID=610255>. Acesso em: 29 jan. 2018.

–. Supremo Tribunal Federal. *Ag. Reg. no Agravo de Instrumento nº 809.018 – Santa Catarina*. Primeira Turma. Relator Min. Dias Toffoli. Brasília, DF, 25 de setembro de 2012. Disponível em: <http://redir.stf.jus.br/paginadorpub/paginador.jsp?docTP=TP&docID=2914845>. Acesso em: 29 jan. 2018.

–. Supremo Tribunal Federal. *Ag. Reg. no Agravo de Instrumento nº 810.864 –* Rio Grande do Sul. Primeira Turma. Relator Min. Roberto Barroso. Brasília, DF, 18 de novembro de 2014. Disponível em: <http://redir.stf.jus.br/paginadorpub/paginador.jsp?docTP=TP&docID=7589406>. Acesso em: 29 jan. 2018.

–. Supremo Tribunal Federal. *Ag. Reg. na Suspensão de Tutela Antecipada nº 818 – Minas Gerais*. Plenário. Relator Min. Presidente Cármen Lúcia. Brasília, DF, 30 de junho de 2017. Disponível em: <http://redir.stf.jus.br/paginadorpub/paginador.jsp?docTP=TP&docID=13440669>. Acesso em: 29 jan. 2018.

–. Supremo Tribunal Federal. 1ª Turma. *Ag. Reg. no RE 939.351-DF*. Relator Min. Roberto Barroso. Brasília, DF, 29 de setembro de 2017. Disponível em: <http://www.stf.jus.br/portal/processo/verProcessoAndamento.asp?numero=939351&classe=RE&origem=AP&recurso=216&

tipoJulgamento=M>, Acesso em: 30 jan. 2018.

–. Supremo Tribunal Federal. *AG.Reg. na Suspensão de Tutela Antecipada STA 223*. Plenário. Relator Ministro Presidente. Agravante: Marcos José Silva de Oliveira. Agravado: Estado de Pernambuco. Brasília, DF. Julgado em 14.04.2008. Disponível em: <http://stf.jus.br/portal/diariojustica/verdiarioprocesso.asp?numDj=83&datapublicacaoDj09/05/2008&incidente=3654789&codCapitulo=2&numMateria=14&codMateria=4>. Acesso em: 18 mar. 2016.

–. Supremo Tribunal Federal. *Ag.R. na Suspensão de Segurança nº 3.355/RN*. Tribunal Pleno. Relator Ministro Gilmar Mendes. Brasília, 15 março de 2010. Disponível em: <https://stf.jusbrasil.com.br/jurisprudencia/9087073/agreg-na-suspensao-de-seguranca-ss-3355-rn>. Acesso em: 20 fev. 2017.

–. Supremo Tribunal Federal. *Agravo Regimental em Recurso Extraordinário nº 936.301/ES*. Primeira Turna. Relator Ministro Edson Fachin. Brasília, 15 de março de 2016. Disponível em: <stf.jus.br/portal/processo/verProcessoPeca.asp?id=309151141&tipoApp=.pdf>. Acesso em: 20 fev. 2017.

–. Supremo Tribunal Federal. *Agravo Regimental no Recurso Extraordinário nº 950.503 – PR*. Segunda Turma. Relatora Ministra Cármen Lúcia. Brasília, 9 de agosto de 2016. Disponível em: <http://redir.stf.jus.br/paginadorpub/paginador.jsp?docTP=TP&docID=11878926>. Acesso em: 20 fev. 2017.

–. Supremo Tribunal Federal. Audiências públicas realizadas. *Judicialização do direito à saúde*. Disponível em: <http://www.stf.jus.br/portal/audienciaPublica/audienciaPublica.asp?tipo=realizada>. Acesso em: 19 set. 2013.

–. Supremo Tribunal Federal. *Embargos de Declaração no Agravo Regimental em Recurso Extraordinário nº 744.223/RJ*. Primeira Turma Relator Ministra Rosa Weber. Brasília, 15 de março de 2016. Disponível em: <file:///C:/Users/sueli_000/Downloads/texto_309229395%20(1).pdf >. Acesso em: 20 fev. 2017.

–. Supremo Tribunal Federal. *Pesquisa de jurisprudência*. Disponível em: <http://www.stf.jus.br/portal/jurisprudencia/pesquisarJurisprudencia.asp>. Acesso em: 4 abr. 2014.

–. Supremo Tribunal Federal. *RE 368.564/DF*. Relator Ministro Marco Aurelio de Mello. Brasília, julgamento em 13 de abril de 2011. Disponível em: <http://redir.stf.jus.br/paginadorpub/paginador.jsp?docTP=AC&docID=625531>. Acesso em: 20 fev. 2017.

–. Supremo Tribunal Federal. *Recurso Extraordinário nº 535145/CE*. Relator Ministro Ricardo Lewandowski. Brasília, DF, 26 de agosto de 2014. Publicação DJe 04.09.2014.

–. Supremo Tribunal Federal. *Recurso Extraordinário nº 566471/RN*. Relator Min. Marco Aurélio. Brasília, DF, 19 de março de 2010. Disponível em: <http://www.stf.jus.br/portal/pro-

cesso/verPro8cessoAndamento.asp?incidente=256507>. Acesso em: 31 ago. 2017.

–. Supremo Tribunal Federal. *Recurso Extraordinário nº 581.488/RS*. Relator Ministro Dias Toffoli. Brasília, 3 de dezembro de 2015. Disponível em: <http://redir.stf.jus.br/paginadorpub/paginador.jsp?docTP=TP&docID=10624184>. Acesso em: 20 fev. 2017.

–. Supremo Tribunal Federal. Primeira Turma. *RE nº 642536 AgR/AP*. Relator Min. Luiz Fux. Brasília, DF, 05 de fevereiro de 2013. Disponível em: <https://stf.jusbrasil.com.br/jurisprudencia/22882847/recurso-extraordinario-re-642536-ap-stf>. Acesso em: 30 jan. 2018.

–. Supremo Tribunal Federal. *Recurso Extraordinário nº 657718*. Relator Min. Marco Aurélio. Brasília, DF. Processo em andamento. Disponível em:<http://www.stf.jus.br/portal/processo/verProcessoAndamento.asp?incidente=4143144>. Acesso em: 31 ago 2017.

–. Supremo Tribunal Federal. *Repercussão Geral no RE nº 979.742-AM*. Plenário Relator Min. Roberto Barroso. Brasília, DF, 29 de junho de 2017. Disponível em: <www.stf.jus.br/portal/processo/verProcessoPeca.asp?id=312131513&tipoApp>. Acesso em: 30 jan. 2018.

–. Supremo Tribunal Federal. *Suspensão de Tutela Antecipada nº 198/MG*. Relator Ministro Gilmar Mendes. Requerente: Estado de Minas Gerais. Requerido: Relator do Agravo de Instrumento nº 2007.01.00.043356-3 do Tribunal Federal Regional da 1ª Região. União. Município de Belo Horizonte. Brasília, DF. Julgado em 22.12.2008. Publicado em 03.02.2009. Disponível em: <http://stf.jus.br/portal/jurisprudencia/listarJurisprudencia.asp?s1=%28STA%24%2ESCLA%2E+E+198%2ENUME%2E%29&base=basePresidencia&url=http://tinyurl.com/obe847x>. Acesso em: 16 feb. 2016.

–. Supremo Tribunal Federal. *Suspensão de Tutela Antecipada nº 223/PE*. Relatora Ministra Ellen Gracie. Requerente: Estado de Pernambuco. Requerido: Relator do Agravo de Instrumento nº 0157690-9 do Tribunal de Justiça do Estado de Pernambuco. Brasília, DF. Julgado em 12.03.2008. Publicado em 18.03.2008. Disponível em: <http://stf.jus.br/portal/jurisprudencia/listarJurisprudencia.asp?s1=%28STA%24%2ESCLA%2E+E+223%2ENUME%2E%29&base=basePresidencia&url=http://tinyurl.com/aj28lcv>. Acesso em: 16 mar. 2016.

BOGOSSIAN, André; ALMEIDA, Danilo dos Santos de. É possível falar em precedente "do Supremo"? In: FALCÃO, Joaquim; ARGUELHES, Diego Werneck; RECONDO, Felipe (Org.). *Onze supremos*: o Supremo em 2016. Belo Horizonte, MG: Letramento: Casa do Direito: Supra: Jota: FGV Rio, 2017. p. 116-118.

BUSCATO, Marcela. O ano em que a saúde chegou aos tribunais. *Revista Época*, Rio de Janeiro, Globo, 2017, p. 82, 83.

CAMPILONGO, Celso Fernandes. *Governo representativo "versus" governo dos juízes*: a "autopoiese" dos sistemas político e jurídico. Belém: UFPA, 1998.

–. *O direito na sociedade complexa*. São Paulo: Max Limonad, 2000.

–. *Política, sistema jurídico e decisão judicial*. São Paulo: Max Limonad, 2002.

–. *Interpretação do direito e movimentos sociais*. Rio de Janeiro: Elsevier, 2012.

–. Os desafios do Judiciário: um enquadramento teórico. In: FARIA, José Eduardo (Org.). *Direitos humanos, direitos sociais e justiça*. 1ª ed. 4. tir. São Paulo: Malheiros, 2005. p. 30-51.

CANI, Julia Wand-Del-Rey. Supremo: um tribunal (só) de teses? In: FALCÃO, Joaquim; ARGUELHES, Diego Werneck; RECONDO, Felipe (Org.). *Onze supremos*: o Supremo em 2016. Belo Horizonte, MG: Letramento: Casa do Direito: Supra: Jota: FGV Rio, 2017. p. 113-115.

CARNELUTTI, Francesco. *Como nasce o direito*. 4ª ed. Trad. Ricardo Rodrigues Gama. Campinas: Russell Editores, 2010.

COLLUCI, Cláudia. Sem critérios, desigualdade em saúde tende a aumentar. *Jornal Folha de São Paulo*, São Paulo, 29 set. 2016. Disponível em: <http://www1.folha.uol.com.br/cotidiano/2016/09/1817860-sem-criterios-desigualdade-em-saude-tende-a-aumentar.shtml>. Acesso em: 25 jan. 2017.

–. "Corujão" não ataca as questões cruciais da saúde em SP. *Jornal Folha de São Paulo*, São Paulo, 11 jan. 2017, p. B3.

CORREIA, José Gladson Viana. *Sociologia dos direitos sociais*. São Paulo: Saraiva, 2014.

CORSI, Giancarlo; DE Giorgi, Raffaele. *Ridescrivere la questione meridionale*. Lecce: Pensa Multimedia, 1999.

–. *Sociologia da constituição*. Trad. Juliana Magalhães. In: Revista Jurídica UNIGRAN, Dourados: UNIGRAN, 2002.

DE GIORGI, Raffaele. La formazione del giurista. *Política del diritto*, ano 14, nº 1, marzo 1983.

–. Introduzione all'edizione italiana. In: LUHMANN, Niklas. *La differenziazione del diritto*. Milão: Società editrice il Mulino, 1990.

–. *Direito, democracia e risco*. Porto Alegre: Sergio Fabris, 1998a.

–. *Scienza del diritto e legittimazione*. Lecce: Pensa Multimedia, 1998b.

–. *Direito, tempo e memória*. São Paulo: Quartier Latin, 2006.

–. Por uma Ecologia dos Direitos Humanos. *Revista Opinião Jurídica*., Fortaleza, Unichristus, ano 13, nº 20, 2017, p. 324-340.

–. CORSI, Giancarlo. *Ridescrivere la questione meridionale*. Lecce: Pensa Multimedia, 1999.

DIMOULIS, Dimitri. A Constituição interpretada sem regras. In: FALCÃO, Joaquim; ARGUELHES, Diego Werneck; RECONDO, Felipe (Org.). *Onze supremos*: o Supremo em 2016. Belo Horizonte, MG: Letramento: Casa do Direito: Supra: Jota: FGV Rio, 2017. p. 63-65.

FARIA, José Eduardo. A cultura e as profissões jurídicas numa sociedade em transformação. In: NALINI, José

Renato (Org.). *Formação jurídica*. 2ª ed. revista e ampliada. São Paulo: Revista dos Tribunais, 1999. p. 13-20.

–. 2. Estado, sociedade e direito. In: FARIA, José Eduardo; KUNTZ, Rolf (Org.). *Qual o futuro dos direitos?* São Paulo: Max Limonad, 2002.

–. *O direito na economia globalizada*. 1º ed. 4ª tirag. São Paulo: Malheiros, 2004.

–. Democracia e governabilidade: os direitos humanos à luz da globalização econômica. In: FARIA, José Eduardo Faria (Org). Direito e globalização econômica. 1ª ed. 3ª tirag. São Paulo: Malheiro, 2010.

–. Prefácio. In: CAMPILONGO, Celso Fernandes Campilongo. *Interpretação do direito e movimentos sociais*. Rio de Janeiro: Elsevier, 2012. p. IX.

FEBRRAJO, Alberto. *Funzionalismo strutturale e sociologia del diritto nell'opera di Niklas Luhmann*. Milano: Giuffrè, 1975.

–. Teoria del diritto e legittimazione del Welfare State. A cura di ROTODÁ, Ester Fano Stefano; MARRAMAO, Giacomo. *Trasformazione e crisi del Welfare State*. Bari: De Donato/Torino: Regione Piemonte, 1983. p. 407-417.

–. Legitimazione e teoria dei sistemi. In: TREVES, Renato (Org.). *Diritto e legitimazione*. Milano: Franco Angeli, 1985. p. 21-35.

–. Ideologie della magistratura e società italiana. A cura di GIASANTI, Alberto. *Giustizia e conflito sociale*. Milano: Giufrè, 1992. p. 533-543.

–. *Sociologia del diritto*. Bologna: Il Mulino, 2009.

–. Constitutional orders? *Revista Direito Mackenzie* São Paulo, Mackenzie, nº 11.1, 2017a, p. 11-51.

–. Come regolare il futuro della società. L'eterna sfida del diritto. *Revista Direito Mackenzie*, São Paulo, Mackenzie, nº 11.2, 2017b, p. 10-25.

–. Posfácio. In: LIMA, Fernando Rister de Sousa. *Saúde e Supremo Tribunal Federal*. 2ª ed. Curitiba: Juruá, 2018.

FERRAZ, Octávio Luiz Motta; VIEIRA, Fabiola Sulpino. *Direito à saúde, recursos escassos e eqüidade*: os riscos da interpretação judicial dominante. p. 1-34. Disponível em: <file:///C:/Users/Fernando/Desktop/POS-DOC/POS-DOC%20FADUSP/Artigos%20Meus/gv.%20sAÚDE%20E%20STF/Fabiola%20e%20Octávio.pdf>. Acesso em: 26 fev. 2016.

FOLHA DE SÃO PAULO. *Patologia judicial*. São Paulo, Editorial, 11 out. 2016.

FREITAS, Marcelo. Mais caro, Judiciário acumula 73,9 mi ações. *Metro*, São Paulo, 18.10.2016, p. 6.

GONÇALVES, Guilherme Leite. *Direito entre certeza e incerteza*. São Paulo: Saraiva, 2013.

GROSSI, Paolo. *Prima lezione di diritto*. Bari: Editori Laterza, 2003.

GUERRA FILHO, Willis Santiago. Posição das cortes constitucionais no sistema jurídico: pequena contribuição para discutir fundamentos racionais do pensar nos tempos de judicializar do direito a partir da teoria de sistemas sociais autopoiéticos. In: LIMA, Fernando Rister de Sousa; MAR-

TINS, Otávio Henrique; OLIVEIRA, Rafael Sérgio Lima de. (Coord.). *Poder Judiciário, direitos sociais e racionalidade jurídica*. São Paulo: Campus Jurídico, 2011.

GUIBENTIF, Pierre. A comunicação jurídica no quotidiano lisboeta. Proposta de abordagem empírica à diferenciação funcional. In: ARNAUD, André-Jean; LOPES JR, Dalmir Lopes (Org.). *Niklas Luhmann*: do sistema social à sociologia jurídica. Traduções Dalmir Lopes Jr.; Daniele Andréia da Silva Manão; Flavio Elias Riche. Rio de Janeiro: Lumen Juris, 2004.

IZUZQUIZA, Ignacio. Introducción. In: LUHMANN, Niklas (Org.). *Sociedad y sistema*: la ambición de la teoria. Traducción Santiago Lópes Petit; Dorothee Schmitz. Barcelona: Paidós, 1990.

JORDÃO, Eduardo. Menos é mais: o Supremo, o Judiciário e os medicamentos. In: FALCÃO, Joaquim; ARGUELHES, Diego Werneck; RECONDO, Felipe (Org.). *Onze supremos*: o Supremo em 2016. Belo Horizonte, MG: Letramento: Casa do Direito: Supra: Jota: FGV Rio, 2017. p. 122-123.

LIMA, Fernando Rister de Sousa. Constituição Federal: acoplamento estrutural entre os sistemas político e jurídico. *Direito Público*. Porto Alegre, Síntese, ano 7, nº 32, p. 20, 21, mar./abr. 2010.

–. *Sociologia do direito*. O direito e o processo à luz da teoria dos sistemas de Niklas Luhmann. 2ª ed. rev. e atual. Curitiba: Juruá, 2012.

LOPES, José Reinaldo de Lima. *As palavras e a lei*. 1ª ed. São Paulo: Editora 34, 2004.

–. *O direito na história*. Lições introdutórias. 5ª ed. São Paulo: Atlas, 2014.

–. O Supremo e as crises da República. *Folha de São Paulo*, São Paulo, 05.03.2017, p. 4.

–. *Rechtssoziologie*. Munique: Rowohlt, 1972.

–. *Sistema giuridico e dogmática giuridica*. A cura di FEBBRAJO, Alberto. Bolonha: Mulino, 1974.

–. *Legitimation durch verfahren*. Frankfurt am Main: Suhrkamp, 1983.

–. L'informazione nell'economia e nel diritto. *Osservatorio "Giordano Dell'Amore"*, Milano, Cariplo, nº 6, p. 27-45, 1989.

–. *Sistemi sociali*. Traduzione Alberto Febbrajo; Reinhardt Schmidt. Bolonha: Mulino, 1990.

–. *Das recht der gesellchaft*. Frankfurt am Main: Suhrkamp, 1993.

–. *Procedimenti giuridici e legittimazione sociale*. A cura di A. FEBRAJO. Milano: Giuffrè, 1995.

–. *Introducción a la teoría de sistemas*. México: Universidad Ibero Americana, 1996a.

–. La costituizione come acquizione evolutiva. A cura di ZAGREBELSKY, Gustavo; PORTINARO, Pier Paolo; LUTHER, Jörger. *Il futuro della costituzione*. Torino: Giulio Einaudi, 1996b. p. 83-128.

–. *Complejidad y modernidad*: de la unidad e la diferencia. Madri: Trotta, 1998.

–. *Ausdifferenzierrung des rechts*. Frankurt am Main: Suhrkamp, 1999a.

–. *Grundrechte als institution*. Berlim: Duncker & Humblote, 1999b.

–. *Die Politik der Gesellschaft*. Franfkurt am Main: Suhrkamp, 2002.

–. *La sociedade de la sociedade*. Traducción Javier Torres Nafarrate. México: Editorial Herder, 2007.

–. *Introdução à teoria dos sistemas*. Petrópolis: Vozes, 2009.

–. *Potere e complessità sociale*. Traduzione Reinhardt Schmidt e Danilo Zolo. Milano: Il SaggiatoreTascabili, 2010.

–. *Das recht der gesellchaft*. Frankfurt am Main: Suhrkamp, 2013.

–. *O direito da sociedade*. Trad. Saulo Krieger. São Paulo: Martins Fontes, 2016.

–. De Giorgi, Raffaele. *Teoria della società*. 11ª ed. Milano: Franco Angeli, 2003.

Marcondes Filho, Ciro. Niklas Luhmann, a comunicação vista por um novo olhar. In: Luhmann, Niklas. *A realidade dos meios de comunicação*. Tradução Ciro Marcondes Filho. São Paulo: Paulus, 2005.

Mascareno, Aldo. Prefácio II – A Teoria dos Sistemas Sociais, de Luhmann, como teoria geral. In: Silva, Artur Stamford da (Org.). *10 lições sobre Luhmann*. Petrópolis: Vozes, 2016.

Mansilla, Darío Rodríguez. Introducción. In: Luhmann, Niklas (Org.). *Poder*. Traducción Luz Mónica Talbot. Barcelona: Anthropos, 1995. p. VII-XXVII.

–. Invitación la sociología de Niklas Luhmann. In: Luhmann, Niklas (Org.). *EI derecho de Ia sociedad*. Tradução Javier Nafarrate Torres. México: Universidad Iberoamericana, 2002.

Mendes, Rodrigo Octávio Broglia. Entre a imanência e a positivação: a questão dos princípios e a argumentação no Direito. In: Costa, José Augusto Fontoura; Andrade, José Maria Arruda de; Matsuo, Alexandra Mery Hansen. (Org.). *Direito*: teoria e experiência, 2ª ed., São Paulo: Malheiros, 2013, v. 2, p. 1048-1059.

Navas, Alejandro. *La teoría sociológica de Niklas Luhmann*. Pamplona: Universidad de Navarra, 1989.

Neves, Marcelo. Justicia y diferencia em uma sociedad global compleja. Doxa. *Cuadernos de Filosofía del Derecho*. Alicante, Biblioteca Virtual Miguel de Cervantes, nº 24, p. 349--377, 2001.

–. *Entre Têmis e Leviatã*: uma relação difícil. São Paulo: Martins Fontes, 2006.

–. *A constitucionalização simbólica*. São Paulo: Martins Fontes, 2007.

–. *Entre Hidra e Hércules*. Princípios e regras constitucionais como diferença paradoxal do sistema jurídico. São Paulo: Martins Fontes, 2013.

–. Da incerteza do Direito à incerteza da Justiça. In: Fortes, Pedro; Campos, Ricardo; Brabosa, Samuel (Org.). *Teorias contemporâneas do direito*. Curitiba: Juruá, 2016. p. 43-63.

Pinho, Angela. 1 em 4 remédios ofertados por decisão da Justiça já está no SUS. *Jornal Folha de São Paulo*, São Paulo, 24 set. 2016, p. B1, B3, B4.

QUEIROZ, Rafael Mafei Rabelo. *Monografia jurídica*: passo a passo. São Paulo: Método, 2015.

RODRIGUEZ, José Rodrigo. *Como decidem as cortes?* Para uma crítica do Direito (brasileiro). Rio de Janeiro: Ed. da FGV, 2013.

SADEK, Maria Tereza. Judiciário e arena pública: um olhar a partir da ciência política. In: GRINOVER, Ada Pellegrini; WATANABE, Kazuo (Coord.). *Controle jurisdicional de políticas públicas*. 2ª ed. Rio de Janeiro: Forense, 2013.

SANTORO, Emilio. *Diritto e diritti*: lo stado di diritto nell'era della globalizzazione. Torino: G. Giappichelli Editore, 2008.

SCHUARTZ, Luis Fernando. *Norma contingência e racionalidade*. Rio de Janeiro: Renovar, 2005.

SCHWARTSMAN, Hélio. Sangria na saúde. *Jornal Folha de São Paulo*, São Paulo, 7 set. 2016a, p. A2.

–. O dilema da saúde. *Jornal Folha de São Paulo*, São Paulo, 30 set. 2016b, p. A2.

SEGATTO, Cristiane. *O paciente de R$ 800 mil*. 16 mar. 2012. Disponível em: <http://revistaepoca.globo.com/tempo/noticia/2012/03/o-paciente-de-r-800-mil.html>. Acesso em: 18 out. 2013.

SEVERINO, Antônio Joaquim. *Metodologia do trabalho científico*. 23ª ed. São Paulo: Cortez, 2007.

SILVA, Artur Stamford da. Sociologia da decisão jurídica: aplicação ao caso da Homoafetividade. *Revista Brasileira de Sociologia do Direito*. Porto Alegre, AbraSD, nº 1, v. 1, 2014. p. 66-85.

–. *10 lições sobre Luhmann*. Petrópolis: Vozes, 2016.

SORDI, Bernardo. *Al di lá del nesso autorità e libertà*: i nuovi sentire della divisione dei poteri. Torino: G. Giappichelli Editore, [s.d.]. p. 11-16.

SUNDFELD, Carlos Ari; SOUZA, Rodrigo Pagani de. Como aperfeiçoar a Repercussão Geral? In: FALCÃO, Joaquim; ARGUELHES, Diego Werneck; RECONDO, Felipe (Org.). *Onze supremos*: o Supremo em 2016. Belo Horizonte, MG: Letramento: Casa do Direito: Supra: Jota: FGV Rio, 2017. p. 104-106.

TEUBNER, Gunther. *Il diritto come sistema autopoietico*. A cura di Alberto Febbrajo e Carlo Pennisi. Milano: Giuffrè Editore, 1996.

–. Ordinamenti frammentati e costituzioni sociali. Traduzione di Maria Rita Bartolomei *Rivista giuridica degli studenti dell'Università di Macerata*, Macerata, nº xx, p. 45-57, 2010. [ISSN 2038-7415 (print)/ ISSN 2038-7423 (online)]

VARGAS, Daniel. A desarmonia entre os poderes. In: FALCÃO, Joaquim; ARGUELHES, Diego Werneck; RECONDO, Felipe (Org.). *Onze supremos*: o Supremo em 2016. Belo Horizonte, MG: Letramento: Casa do Direito: Supra: Jota: FGV Rio, 2017. p. 131-133.

VENTURA, Miriam. *O processo decisório judicial e a assessoria técnica*: a argumentação jurídica e médico-sanitária na garantia do direito à assistência terapêutica no Sistema Único de Saúde. Tese (Doutorado) – Escola

Nacional de Saúde Pública Sergio Arouca, Rio de Janeiro, 2012.

VESTING, Thomas. *Rechtstheorie*. München: C.H. Bech, 2015a.

–. *Teoria do Direito*. Uma introdução. São Paulo: Saraiva, 2015b.

VIEIRA, Oscar Vilhena. Direito e privilégios. *Jornal Folha de São Paulo*, São Paulo, 15 out. 2016, p. B6.

–. Ativismo judicial? *Jornal Folha de São Paulo*, São Paulo, 18 mar. 2017, p. B2.

VILLAS BÔAS, Bruno; PATU, Gustavo. PIB do Brasil cai 3,8 em 2016, o pior resultado desde 1996. *Jornal Folha de São Paulo*. 03.03.16. Disponível em: <http://www1.folha.uol.com.br/mercado/2016/03/1745810-pib-cai-38-em-2015-o-pior-resultado-desde-1996.shtml>. Acesso em: 3 maio 2016.

VILLAS BÔAS FILHO, Orlando. *O direito na teoria dos sistemas de Niklas Luhmann*. São Paulo: Max Limonad, 2006.

–. Da ilusão à fórmula de contingência: a justiça em Hans Kelsen e Niklas Luhmann. In: PISSARA, Maria Constância Peres; FABBRINI, Ricardo Nascimento (Coord.). *Direito e filosofia*. A noção de justiça na história da filosofia. São Paulo: Atlas, 2007. p. 129-150.

–. *Teoria dos sistemas e o direito brasileiro*. São Paulo: Saraiva, 2009.

–; GONÇALVES, Guilherme Leite. *Teoria dos sistemas*. Direito e sociedade na obra de Niklas Luhmann. São Paulo: Saraiva, 2013.

WANG, Daniel Wei L. *et al.* Os impactos da judicialização da saúde no município de São Paulo: gasto público e organização federativa. *Revista de Administração Pública*, Rio de Janeiro, Fundação Getúlio Vargas, p. 1191-1206, set./out. 2014.

Apêndice
Levantamento das Decisões

RELATOR	DATA DA PUBLICAÇÃO	TÉCNICA PROCESSUAL	PARTES
Min. Antônio Cezar Peluso	11/2006	Ag. Reg. no AI nº 597.182	Agte: Estado do Rio Grande do Sul Agdo: Elvira Alves
Min. Antônio Cezar Peluso	09/2008	RE nº 584652/RJ	Recte: A União Rcdos: Produtos Veterinários Manguinhos Ltda.
Min. Antônio Cezar Peluso	02/2010	RE nº 523756 ED.	Embte: Estado do Espírito Santo Embdo: J.T.D.O.
Min. Antônio Cezar Peluso	05/2011	Suspensão de Segurança nº 4304/CE	Rcdos: Relator do MS Recte: Estado do Ceará
Min. Carlos Augusto Ayres de Freitas Britto	04/2011	AC nº 2836 MC/SP	Reqte: Ministério Público do Estado de São Paulo Reqdo: Fazenda Pública do Estado de São Paulo
Min. Carlos Augusto Ayres de Freitas Britto	02/2010	AI nº 611559/RS	Recte: Conselho Regional de Medicina do Estado do Rio Grande do Sul Recdo: União Recdo: Município de Serafina Corrêa
Min. Carlos Mario da Silva Velloso	09/2001	Ag. Reg. no RE nº 273.042-4/RS	Agte: Município de Porto Alegre Agdo: Carlos Alfredo de Souza Luize

Min. Carlos Mario da Silva Velloso	03/2002	EDCL no Ag. Reg. no RE nº 273.042-4/RS	Embte: Município de Porto Alegre Embdo: Carlos Alfredo de Souza Luize
Min. Cármen Lúcia Antunes Rocha	2011	Ag. Reg. em Re. nº 599529/RGS	Agte: Estado do Rio Grande do Sul Agdo: Ministério Público do Estado do Rio Grande do Sul
Min. Cármen Lúcia Antunes Rocha	02/2011	RE. nº 586995/ MG	Recte: Estado de Minas Gerais Recido: Ministério Público do Estado de Minas Gerais
Min. Cármen Lúcia Antunes Rocha	06/2011	Ag. no RE 599.529/RGS	Agte: União Agdo: Ministério Público Federal
Min. Cármen Lúcia Antunes Rocha	05/2011	RE nº 607.385/ SC	Recte: Estado de Santa Catarina Recido: Elisa Meira Fernandes
Min. Cármen Lúcia Antunes Rocha	08/2011	AG. em RE 646.235/SP	Recte: Município de São Paulo Recido: Ministério Público do Estado de São Paulo
Min. Cármen Lúcia Antunes Rocha	06/2011	RE nº 641916/PR	Recte: Valentina Mikulski Babinski Rcdos: União, Estado do Paraná e Município de Curitiba
Min. Cármen Lúcia Antunes Rocha	04/2011	Ag. Reg. na Ação Cautelar 2267/PR	Agte: Valentina Mikulski Babinski Agdo: União, Estado do Paraná, Município de Curitiba
Min. Cármen Lúcia Antunes Rocha	03/2011	Ag. In. 823184/ RS	Agte: Estado do Rio Grande do Sul Agdo: Aguineu Diple Feline Guellen Intdo: Município de Soledade
Min. Cármen Lúcia Antunes Rocha	03/2012	Ag. Reg. em RE. nº 665.764/RGS	Agte: União Agdo: Associação de Caridade Santa Casa do Rio Grande
Min. Cármen Lúcia Antunes Rocha	02/2012	Ag.Reg.no RE 648.410/DF	Agte: Estado do Rio Grande do Sul Agdo: Ministério Público do Estado do Rio Grande do Sul

Min. Cármen Lúcia Antunes Rocha	08/2016	Ag. Regimental no RE nº 950.503-PR	Agte: Estado do Paraná Agdo: Rosimeri Aparecida Vons
Min. Cármen Lúcia Antunes Rocha	03/2017	Ag.Reg. no Recurso Extra-ordinário com Agravo 954.832-CE	Agte.(s): União Agdo.(A/S): Kabir dos Santos Moreira
Min. Cármen Lúcia Antunes Rocha	06/2017	Ag. Reg. na Suspensão de Tutela Antecipada nº 818 – MG	Agte: União Agdo: Município Uberlândia
Min. Cármen Lúcia Antunes Rocha	09/2017	Ag. Reg. na Suspensão de Liminar 559 – PR	Agte: União Agdo: Tribunal Regional Federal da 4ª Região
Min. Cármen Lúcia Antunes Rocha	09/2017	Ag. Reg. na Suspensão de Tutela Antecipada 211 – RJ	Agte.(d): União Agdo.(A/S): Henry Cardozo dos Santos Vasconcelos
Min. Cármen Lúcia Antunes Rocha	09/2017	Ag. Reg. na Suspensão de Liminar 710 – SC	Agte.(S): União Adv.(A/S): Advogado-Geral da Agdo.(A/S): Ministério Público Federal
Min. Dias Toffoli	12/2015	RE nº 581.488/RS	Rcte: Conselho Regional de Medicina do Estado do Rio Grande do Sul Rcdo: Município de Canela/RS
Min. Ellen Gracie Northfleet	10/2001	RE nº 255.086-8/RS	Reqte: Estado do Rio Grande do Sul Reqdo: Eduardo Leão Francisco Marques
Min. Ellen Gracie Northfleet	02/2007	STA nº 91	Reqte: Estado de Alagoas Reqdo: Presidente do Tribunal de Justiça do Estado de Alagoas
Min. Ellen Gracie Northfleet	02/2007	SS nº 3073/RN	Reqte: Estado do Rio Grande do Sul Reqdos: Luiz Carlos Fernandes e Relatora do Mandado de Segurança

Min. Ellen Gracie Northfleet	03.2008	Suspensão de Tutela Antecipada nº 223/PE	Requerente: Estado de Pernambuco. Requerido: Marcos José Silva de Oliveira
Min. Ellen Gracie Northfleet	08/2010	Ag. Reg. no Ag. Instrumento de nº 734.487/PR	Agte: Estado do Paraná Agto: Ministério Público do Estado do Paraná
Min. Enrique Ricardo Lewandowski	10/2006	AI nº 607.646/SC	Agte: União Agdo: Francisco Marini
Min. Enrique Ricardo Lewandowski	06/2009	Ag.Reg. no AI nº 553.712-4	Agte: Estado do Rio Grande do Sul Agdo: Neiva Cecilia Belle
Min. Enrique Ricardo Lewandowski	05/2011	Ag. no RE 640.722/SC	Recte: União Recdo: Ministério Público Federal
Min. Enrique Ricardo Lewandowski	08/2011	RE nº 628.293/AM	Recte: Estado do Amazonas Recdo: Ministério Público do Estado do Amazonas
Min. Edson Fachin	03/2016	Ag. Reg em RE nº 936.301/ES	Agte: Município de Cariacica Agdo: José Luiz Helmer (Representado por Angela Maria Oliveira Coutinho)
Min. Gilmar Ferreira Mendes	02/2009	Suspensão de Tutela Antecipada nº 198/MG	Requerente: Estado de Minas Gerais Requerido:
Min. Gilmar Ferreira Mendes	03/2010	Ag. Reg. na Suspensão da Segurança nº 3355RN	Agte: Estado do Rio Grande do Norte Agdo: Grinaldo Ferreira da Silva
Min. Gilmar Ferreira Mendes	04/2010	Ag. Reg. na Suspensão de Liminar nº 47 Pernambuco	Agte: Estado de Pernambuco Agdo: União Agdo: Ministério Público Federal Agdo: Município de Petrolina
Min. Gilmar Ferreira Mendes	04/2010	Ag. Reg. na Suspensão de Tutela Antecipada nº 175 - CE	Agte: União Agdo: Clarice de Abreu de Castro Neves Agdo: Ministério Público Federal Agdo: Município de Fortaleza Agdo: Estado do Ceará

Min. Gilmar Ferreira Mendes	04/2010	STA nº 278	Agte: Estado de Alagoas Agdo: Maria de Lourdes da Silva
Min. Gilmar Ferreira Mendes	04/2010	Ag. Reg. na Suspensão de Segurança nº 2361	Agte: Estado de Pernambuco Agdo: Alessandro Feitosa Tomé de Souza
Min. Gilmar Ferreira Mendes	03/2010	Ag.R. na Suspensão de Segurança nº 3.355/RN	Agte: Estado do Rio Grande do Norte Agdos: Cássio Carvalho Correia de Andrade; Marconi Medeiros Marques de Oliveira; Grinaldo Ferreira da Silva; Thomás Antonio Vasconcellos de Araújo e outro(a/s)
Min. Gilmar Ferreira Mendes	03/2010	Ag. Reg. na Suspensão de Liminar nº 47 – PE	Agte: Estado de Pernambuco Agdo: Muncípio de Petrolina
Min. Gilmar Ferreira Mendes	03/2010	Ag. Reg. na Suspensão de Tutela Antecipada nº 175 – CE	Agte União Agdo: Clarice de Abreu Castro Neves / Município de Fortaleza
Min. Gilmar Ferreira Mendes	04/2010	Ag. Reg. na Suspensão de Segurança nº 2944	Agte: Estado da Paraíba Imptes: Zilda Miranda Torres Joelma dos Santos Nascimento Antônio Francisco da Cruz Filho Maria Pereira da Cunha
Min. Gilmar Ferreira Mendes	05/2016	AgR no 943.547/RN	Agte: CarlosAlberto Costa Agdo: União
Min. Joaquim Benedito Barbosa Gomes	08/2006	AI nº 507.072/MG	Agte: Estado de Minas Gerais Agdo: José Carraro
Min. Joaquim Benedito Barbosa Gomes	04/2011	Ag. Reg. no RE 635381/RS	Recte: Estado do Rio Grande do Sul Recdo: Valzumiro Zanatta
Min. Joaquim Benedito Barbosa Gomes	10/2011	Ag. Reg. no AI 693.564/RS	Agte: Município de Porto Alegre Agdo: Cristian da Costa Nery

Min. Joaquim Benedito Barbosa Gomes	10/2011	Ag. Reg. no AI 817241/RS	Agte: Estado do Rio Grande do Sul Agdo: Branca Odete Mendes Acosta
Min. Joaquim Benedito Barbosa Gomes	06/2012	Ag. Reg. no AI n. 550.530/PR	Agte: Autarquia Municipal de Saúde Agto: Ministério Público do Estado do Paraná
Min. José Antônio Dias Toffoli	02/2010	AI nº 587084/PR	Recte: Andréia Pichorim Recdo: União
Min. José Antônio Dias Toffoli	06/2010	AI nº 667882/ MG	Agte: Ministério Público do Estado de Minas Gerais Agdo: Município de Contagem
Min. José Antônio Dias Toffoli	09/2012	Ag. Reg. no Agravo de Instrumento nº 809.018 – SC	Agte: Estado de Santa Catarina Agdo: Ministério Público do Estado de SC
Min. Ilmar Galvão	09/1999	RE nº 242.859-RS	Agte: Município de Porto Alegre Agdo: Patrícia Palácio de Souza
Min. Ilmar Galvão	03/2000	RE nº 226.835-6/ RS	Recte: Estado do Rio Grande do Sul Recdo: Rosemari Pereira dias
Min. José Carlos Moreira Alves	05/2000	RE nº 264.269/ RS	Recte: Estado do Rio Grande do Sul Recda: Teresinha Palhano
Min. José Carlos Moreira Alves	09/2000	RE nº 207.970-7/ RS	Recte: Estado do Rio Grande do Sul Recdo: Osvaldina Alves dos Passos
Min. José Celso de Mello Filho	02/1997	Pet. nº 1.246 MC/ SC	Reqte: Estado de Santa Catarina Recdo: João Batista Gonçalves Cordeiro
Min. José Celso de Mello Filho	08/2000	RE nº 267.612-RS	Reqte: Estado do Rio Grande do Sul Reqdo: Augusto Seleprioni

Min. José Celso de Mello Filho	08/2000	RE nº 232.335/RS	Reqte: Estado do Rio Grande do Sul Reqdo: Jorge Eduardo Hennig
Min. José Celso de Mello Filho	11/2000	Ag. Reg. em Re. nº 271.286-8/RS	Agda: Cândida Silveira Saibert Agda: Dina Rosa Vieira Agte: Município de Porto Alegre
Min. José Celso de Mello Filho	02/2001	Ag.Reg. em RE. nº 273.834/RS	Agde: Município de Porto Alegre Agvda: Cristiane Carneiro Bortolaz
Min. José Celso de Mello Filho	12/2001	RE nº 248.304/RS	Recte: Estado do Rio Grande do Sul Recdo: Igor Batista Brito
Min. José Celso de Mello Filho	04/2004	ADPF nº 45/DF	Reqte: Partido da Social Democracia Brasileira – PSDB Reqdo: Presidente da República
Min. José Celso de Mello Filho	06/2004	AI nº 452.312/RS	Agte: Município de Porto Alegre Agdo: Camila Kauffmann
Min. José Celso de Mello Filho	02/2007	Ag. Reg. em Re nº 393.175-O – RS	Agte: Estado do Rio Grande do Sul Agda: Luiz Marcelo Dias e outro (A/S)
Min. José Paulo Sepúlveda Pertence	12/2005	AI nº 562.561/RS	Agte: Estado do Rio Grande do Sul Agda: João Abrantes Mendonça
Min. Luiz Fux	04/2011	Ag. REg. no RE 626.328/RGS	Agte: Estado do Rio Grande do Sul Agto: Luis Felipe Alves Varante
Min. Luiz Fux	06/2011	Ag. Reg. no RE 626.328	Agte: Estado do Paraná Agdo: Ministério Público do Estado do Paraná
Min. Luiz Fux	06/2011	Ag. Reg. no Re. 607.381/SC	Agte: Estado de Santa Catarina Agdo: Ruth Maria Rosa

Min. Luiz Fux	08/2011	Ag. In. nº 843160/MG	Agte: Ministério Público do Estado de Minas Gerais Agdo: Departamento Municipal de Saúde Pública – DEMASP
Min. Luiz Fux	09/2011	RE nº 642536 AgR/AP	Agte: Ministério Publico do Amapá Agdo: Procurador Geral do Estado do Amapá
Min. Luiz Fux	04/2012	Ag. REg. no RE nº 668.724/RS	Agte: Estado do Rio Grande do Sul Agdo: Germana Pereira Ferreira
Min. Luiz Fux	02/2013	RE nº 642536 AgR/AP	Agte.(S): Estado do Amapá Proc. (A/S)(Es): Procurador-Geral do Estado do Amapá Agdo.(A/S): Ministério Público do Estado do Amapá
Min. Luiz Fux	04/2016	AgR no RE 831.915/RR	Agte: Estado do Roraima Agdo: Alair Bonfim de Barros
Min. Marco Aurélio Mendes de Farias Mello	10/1999	RE nº 247.900-RS	Reqte: Estado do Rio Grande do Sul Reqda: Ida Maria Lorez Huber
Min. Marco Aurélio Mendes de Farias Mello	02/2000	Ag.Reg. em Agravo de Instrumento nº 238.328-RS	Agte: Município de Porto Alegre Agda: Carlos Fernando Becker
Min. Marco Aurélio Mendes de Farias Mello	03/2000	RE nº 195.192-3-RS	Recte: Estado do Rio Grande do Sul Recdo: Rodrigo Skrsypcsak
Min. Marco Aurélio Mendes de Farias Mello	09/2000	RE nº 273.042-RS	Rectes: Estado do Rio Grande do Sul e Município de Porto Alegre Recdo: Carlos Alfredo de Souza Luize
Min. Marco Aurélio Mendes de Farias Mello	12/2007	RE nº 566.471 RG/RN	Recte: Estado do Rio Grande do Norte Recda: Carmelita Anunciada de Souza

Min. Marco Aurélio Mendes de Farias Mello	03/2010	Recurso Extraordinário nº 566471/RN	Recorrente: Estado do Rio Grande do Sul Recorrida: Carmelita Anunciada
Min. Marco Aurélio Mendes de Farias Mello	04/2011	RE 368.564/DF	Recte: União Recda: Maria Euridice de Lima Casale
Min. Marco Aurélio Mendes de Farias Mello	03/2012	RE nº 657.718 RG/MG	Reqte: Alcirene de Oliveira Reqdo: Estado de Minas Gerais
Min. Marco Aurélio Mendes de Farias Mello	05/2012	Ag. Reg. no RE nº 635.363/RS	Agte: Município de Caxias do Sul Agdo: Ministério Público do Estado do Rio Grande do Sul
Min. Marco Aurélio Mendes de Farias Mello	03/2010	*Recurso* Extraordinário nº 657718	Recte.(S): Alcirene de Oliveira Gerais Recdo. (A/S): Estado de Minas Gerais
Min. Maurício José Corrêa	08/1999	RE nº 236.000/ RS	Reqte: Estado do Rio Grande do Sul Reqdos: Alex Lopez de Souza e outros
Min. Maurício José Corrêa	09/1999	RE nº 236.644/ RS	Reqte: Município de Porto Alegre Reqdo: Carlos Alberto Ebeling Duarte
Min. Maurício José Corrêa	08/2000	Ag. Reg. no RE nº 259.508/RS	Agte: Município de Porto Alegre Agdo: Patrício Palácio de Souza
Min. Nelson Azevedo Jobim	02/2001	AgRg. no RE nº 255.627-RS	Agte: Município de Porto Alegre Agdo: Carlos Alberto Ebeling Duarte
Min. Roberto Barroso	11/2014	Ag. Reg. no Agravo de Instrumento nº 810.864 – RS	Agte: Estado do Rio Grande do Sul Agdo: Gabriel Rodrigues dos Santos (representado por Veranilda da Silva Rodrigues)
Min. Roberto Barroso	12/2015	Ag.R no AI ao RE nº 894.085/SP	Agte: Município de São Paulo Agdo: Paulo Henrique Genovez Nogueira Mello
Min. Roberto Barroso	06/2016	AgR no RE 926.469/DF	Agte: Distrito Federal Agda: Lizzie Machado Silva

Min. Roberto Barroso	03/2017	Ag.Reg. no Recurso Extraordinário com Agravo 952.614 - SC	Agte.(S): União Agdo.(A/S): Luiz Marcos Cardoso
Min. Roberto Barroso	06/2017	Repercussão Geral no Recurso Extraordinário 979.742 – AM	Recte.(S): União Recdo.(A/S): Município de Manaus
Min. Roberto Barroso	06/2017	Repercussão Geral no RE nº 979.742 – AM	Recte.(S): União Recdo.(A/S): Município de Manaus / Heli de Paula Souza
Min. Roberto Barroso	09/2017	Ag. Reg. no RE 939.351-DF	Recte.(S): Distrito Federal Recdo.(A/S): Talitha de Castro Ribeiro
Min. Roberto Barroso	09/2017	Ag. Reg. no Recurso Extraordinário 939.351 Distrito Federal	Agte.(S): Distrito Federal Agdo. (A/S): Talitha de Castro Ribeiro
Min. Rosa Weber	03/2016	Embargos de declaração no Agravo Regimental em Recurso Extraordinário nº 744.223/RJ	Embte: União Embdo: Geni Oliveira da Silva

Fonte: Supremo Tribunal Federal[205]

205 Brasil. Supremo Tribunal Federal. *Pesquisa de Jurisprudência*. Disponível em: <http://www.stf.jus.br/portal/jurisprudencia/pesquisarJurisprudencia.asp>. Acesso em: 24 out. 2013.